把话说到孩子心里去

李志敏◎编著

民主与建设出版社

图书在版编目（CIP）数据

把话说到孩子心里去 / 李志敏编著 . — 北京：民主与建设出版社，2017.8

ISBN 978-7-5139-1656-1

Ⅰ . ①把… Ⅱ . ①李… Ⅲ . ①家庭教育 Ⅳ . ① G78

中国版本图书馆 CIP 数据核字（2017）第 179730 号

把话说到孩子心里去
BAHUA SHUODAO HAIZI XINLIQU

出 版 人：许久文
编　　著：李志敏
责任编辑：王　颂　袁　蕊
出版发行：民主与建设出版社有限责任公司
地　　址：北京市海淀区西三环中路 10 号望海楼 E 座 7 层
电　　话：010-59419778　59417747
印　　刷：三河市天润建兴印务有限公司
开　　本：710mm × 1000mm　1/16
字　　数：130 千字
印　　张：15
版　　次：2017 年 10 月第 1 版　2019 年 7 月第 2 次印刷
标准书号：ISBN 978-7-5139-1656-1
定　　价：36.80 元

注：如有印、装质量问题，请与出版社联系。

前言
PREFACE

你常常觉得自己与孩子有距离感吗？你常常为了孩子的教育问题而烦恼吗？你常常与孩子因各种问题而发生争执吗？你常常因为孩子不听话、不懂事而沮丧吗？

对成人而言，孩子的心灵是一个难解之谜。

孩子的心里总有许多稀奇古怪的想法，由于没有生活经验，对许多事务缺乏认识，每一个孩子都充满强烈的好奇心和求知欲。在好奇心和求知欲的驱使下，孩子们往往会做出一些令家长感到不可思议的举动。千万不要认为这些举动是“毛病”，这正是孩子们迈出接触社会、探索世界的第一步。试想一下，哪位家长希望自己的孩子是一个沉默寡言、一动不动的“乖孩子”呢？

尽管家长也都是从孩子经历过来的，但是，不同的时代以及年龄的悬殊，使家长很难真正了解孩子的心理。不了解孩子的想法，往往从自己的想法主观推断，

前言

PREFACE

这样的结果就会造成亲子之间的误会，从而破坏亲子关系。

要想真正了解孩子的心理，就需要家长努力与孩子沟通。和孩子沟通，目的是促进父母与孩子之间的关系，在良好亲子关系的基础上，去教育孩子，激励孩子，帮助孩子实现自己的理想。从这个意义上说，沟通就是一种教育方式。

孩子们在探索的过程中，会做出一些破坏性的举动，这时家长应因势利导，通过语言说服、转移其注意力等方法，让他们逐渐改掉这些“坏毛病”。

许多家长都有一种先入为主的观念，认为孩子到了一定的年龄，才能做一些事情。其实孩子们在每个年龄阶段都有能力做，并且可以做得很好。家长却人为地推迟了他学会本领的时间。家长的这种做法，会使孩子在不知不觉中失去自信，失去自己应有的归属感。

实际上，每一个孩子都需要理解、鼓励和支持，每

前言
PREFACE

一句有效的沟通都会让孩子信心倍增。沟通既是一门深奥的艺术，也是一个循序渐进的过程。这一过程的主要目的就是让孩子得到一种自我满足，即自尊心和成就感。有效的沟通，可以让孩子认识到人生的真正乐趣在于不断尝试，勇于进取。

聪明的父母总是善于与孩子进行心灵的沟通。因为，一个对孩子心理一无所知的父母，是无法对孩子贯彻自己的教育理念的，孩子有意见得不到及时交流，主要责任在于父母没有给予应有的重视或掌握不好沟通的火候，甚至有的父母认为对孩子唠叨一顿就是沟通，结果自然是适得其反。

《把话说到孩子心里去》结集了广大父母和亲子专家的心得和意见，分析包括“学业”、“陋习”、“家庭小风波”、“朋辈”、“自我形象”、“价值观”、“突发事件”、“节日”等多个父母最为关注之类别外，还以个案形式，生动有趣地剖析亲子沟通

前言
PREFACE

时要注意的地方，包括：孩子和父母各自的心理状态分析、哪些话语助你开辟成功的捷径，直达孩子的心田？哪些禁句成为阻碍亲子沟通的桥梁，以及沟通时如何利用不同的语气、态度、技巧等。

如何善用言辞与子女沟通，令小朋友在成长过程中感受到父母的爱，是本书的主旨所在。我们深信，用正面、鼓励的方式来教养孩子，远比用消极的责骂方式来得积极和有效，能更好地增进亲子关系，培养孩子拥有一个健康、积极、进取的人生观，迈向黄金人生。

目 录

CONTENTS

第一章

当孩子犯错时应该说的话

第三章

表扬、鼓励孩子时应该说的话

第四章

当发现孩子有不良习惯时，应该说的话

第五章

日常生活中应该说的话

第一章

当孩子犯错时应该说的话

01 每个人都是集体中的一员，只有互相帮助才能更快进步

不知怎么，陈晓波越来越以自我为中心了。在学校里和同学一起打篮球的时候，晓波从来都是自己一个人带球，然后一个人上篮，从不会想到还有队友。如果别人有一两个球没有传给他，他就会大发牢骚："怎么不把球给我？你们怎么能这样？"同学们都觉得晓波太自以为是了，渐渐地疏远了他。

在家里，要是一家人一起看电视的话，晓波总是把遥控器紧紧地握在自己的手里，找到自己喜欢看的节目，从不会考虑到爸爸妈妈是否也乐意。晓波想：只要我自己觉得快乐、开心就 OK 了！

这天，妈妈和晓波商量一件事。妈妈问道："隔壁小可过些天要参加英语比赛，你可以把你的 MP3 借给她用几天吗？"

晓波大声地拒绝道："什么？凭什么把我的东西借给别人，那是我的。她参加比赛与我何干？"

妈妈听罢，也故意夸张地回应道："与你何干？那么，我以后也像你对别人一样对你，你觉得如何？"

晓波没有说话，脸"唰"地一下红了。

妈妈意味深长地说道："孩子，每个人都需要他人的帮助，不要只考虑自己的感受，若是只以自我为中心，那么，你会无意中失去很多很多的，好好想想妈妈的话吧。"

晓波惭愧地低下了头……

有些孩子自我意识很强，常常不会为他人着想，也不会考虑他人的感受。那么，当你的孩子出现这样的情况时，父母应该如何正确教育呢？

首先，父母应该直接指出孩子的错处，反问他：“那么，我以后也像你对别人一样对你？”让孩子自己思考问题所在。父母要鼓励孩子多与外界交往，在交往中学习宽容、忍让。通过“换位法”引导孩子站在别人的角度去考虑问题，改变只顾自己、无视他人的坏习惯，克服狭隘、自私的思想。让孩子有与他人分享物品的机会，有团结互助的习惯，懂得互惠互利，多为孩子提供结交朋友和接触社会的机会，提高与外界的交往能力，这是避免和改变以自我为中心的行之有效的办法。

当然，这个毛病并非一朝一夕就能改掉的。所以，父母平时还要做到不娇惯溺爱孩子。在为孩子提供必要的物质条件的同时，还要培养他们艰苦朴素的生活作风，增强劳动观念，克服懒惰、依赖情绪，因为，优越的物质生活不仅容易使人消极、颓废，不思进取，而且容易使人变得贪婪、无休止地追求个人利益，所以培养勤劳朴实的性格是克服自我中心的关键所在。

此外还要对孩子进行必要的“挫折教育”，使孩子在挫折中锻炼意志，提高自制能力，克服固执、任性和娇气，学会理智地看待客观事物。

专家建议

父母在和孩子沟通的时候，要跟孩子谈道理，要直指孩子做错的地方，谨记“以身作则”这个育儿要则。

现在的孩子多半由于缺乏生活磨炼，社会经验不足，加上凡事都喜欢依靠自己的力量去完成，所以，常常是“不撞南墙不回头”。因此，人为制造一些困难和障碍，有利于他们在挫折中提高认知水平和社会适应能力。

02 按照自己的想法去做

毛毛刚上初中，因为没有适应中学的学习方式，变得有点厌学了。回到家就一屁股坐在沙发上，打开电视看了起来。他心里想，反正有一大堆的作业，先看看动画片，然后再去完成作业吧，要不然，做完作业，片尾都可能看不到了。

妈妈也注意到了孩子的变化，她经过很多次观察，打算找个恰当的时机和孩子沟通一下。

这天，毛毛回到家里，把书包一搁，就立即迫不及待地打开电视，搜索自己喜欢的动画片。妈妈等毛毛看完动画片后，走了过来，笑眯眯地对他说："动画片好看吗？"

毛毛回答："特别好看。"

妈妈接着说：“不过，你现在好像变得不太喜欢做作业了，能告诉妈妈为什么吗？”

毛毛挠挠头，说道：“那是因为作业太多了，我想把动画片看完后，再去写作业，我会认真完成作业的。”

妈妈微笑着抚摸着孩子的头，说道：“现在妈妈了解原因了，你就按照自己的想法去做吧，不过，在看完动画片后，一定要更加专心地写作业哦！”

毛毛感激地回答道：“知道了，谢谢妈妈，理解万岁！”

生活中，我们经常看到孩子不愿写作业、不会自觉写作业或是在写作业的时候发呆等情况，父母可能立刻会有这样的想法：为什么孩子这么不自觉？为什么他这么不专心？为什么没写作业就去看电视了？难道要等我去骂他才会去写作业吗？

事实上，孩子与父母的想法是不一样的。孩子之所以不愿意写作业可能有很多原因。例如，孩子做作业不专心可能是因为生病了，身体有些地方不舒服；当他突然变得不喜欢写作业了，也许是学习上遇到了困难，所以变得害怕学习了。父母们应该在仔细观察和孩子详细沟通了解原因后，再作结论、下定义。

父母应该培养孩子的独立意识，让孩子从小按照自己的观点和主张做事，不要事事依靠父母或其他人，当别人和自己的想法不一样时，要让孩子学会与人沟通，进行观念和主张上的调和，最终达成统一。

针对孩子不想做作业的事实，父母应该体谅孩子。不单是小孩，成人有时候也会有什么都不想干的时候。让孩子感到父母明白自己的感受，并不是只会责骂自己，自己原来并不是不能向父母敞开心扉，完全可以和父母交流自己的思想。这么一来，孩子才会愿意对父母打开心窗交谈。

此外，不但要对孩子表示体谅，还要进一步探询孩子不喜欢做作业的原因，这样才能对症下药，找出解决问题的方法来。

专家建议

让孩子自己按排自己的学习时间，不要强迫孩子，这样不但有助于孩子养成自觉学习的好习惯，还有助于孩子独立精神的培养。

给孩子一些温柔、鼓励的眼神，让他们感受到你的关心。

03 诚实是人最宝贵的财产

“我家有三辆小轿车，爸爸开的是奔驰车，妈妈开的是宝马车，舅舅开的是奥迪车，他们经常在校门口同时来接我。”恩美正在和一个刚认识的小朋友聊天。

“真的太棒了！你经常坐谁的车？”小朋友很羡慕。

“当然是坐爸爸的车，他的车又长又宽又豪华，开起来很威风。”恩美故意摆出威风的样子。

他们的谈话正好也被恩美的妈妈听到，妈妈没有马上戳穿女儿的谎言，而是在晚饭后，把女儿拉到一旁聊天。

“女儿呀，我们家如果有一辆小轿车，那该有多好啊，这样我就可以接你上下学了。”妈妈开玩笑地对孩子说。

孩子低着头不敢看妈妈，小脸蛋霎时绯红了起来。

这时，妈妈才语重心长地对她说："希望我们家有小轿车并没有错。但是我们家还没有小轿车，你竟然对小朋友说有三辆小轿车，这就不对了，这是在撒谎。"

恩美低着头，不好意思地向妈妈认了错。

为了教育恩美不再说谎，妈妈又给他讲了"华盛顿小时候不说谎"的故事。听完故事后，恩美攥着拳头向妈妈保证："妈妈，请你相信我，我以后再也不撒谎了！"

孩子说谎是一个很严重的问题，而且一旦说谎成为孩子的习惯，那就很难戒除了。所以，面对孩子说谎的问题，父母们一定要抱着认真的态度去处理。

在教育说谎话的孩子时，一定要注意批评的技巧，切不可一味地批评、打骂孩子。

当发现孩子说谎时，父母要弄清楚孩子说谎话的原因。概括起来，孩子说谎主要有以下三个原因：

（1）为了取悦而说谎

这种情况常出现在幼儿期。由于幼儿道德认识的浅薄性，有的孩子以为说谎是一种取悦于人的好方法，不知道这是一种坏行为。如果此时家长给予及时纠正，这样不但可以改掉孩子说谎的毛病，而且还能养成孩子诚实的好品质。

比如，孩子为了得到你的表扬，或者为了想要得到什么东西而说谎。你不但不表扬，不满足他的要求，反而要批评教育，指出用这种方法取悦他人并达到目的是不对的。告诉孩子，任何人都不喜欢撒谎的孩子；只有诚实做人，才会招人喜欢。

（2）为了逃避惩罚而说谎

这种情况常出现在已经懂事的孩子身上。这些孩子是非利害已能自己判断，但因自身顽皮、或受同伴影响、或好心办了坏事、或别的什么原因犯了错误的时候，为了推诿责任、逃避惩罚而说谎。

对于这种情况，家长要反思孩子为什么要说谎？是不是平常对孩子太严厉、太刻薄，才导致孩子的说谎。在纠正孩子说谎行为时，用宽容之心，用摆事实、讲道理的方法，让孩子认识自己的错误，并相信孩子一定能够改正错误。如果孩子是因为怕你惩罚而说谎，而你恰恰又用了惩罚的方法对待孩子，这样只能让孩子更爱说谎！而且会提高孩子说谎的频率和技巧！所以用激励的手段，肯定比打骂、惩罚好得多。

美国第一任总统华盛顿曾回忆：小时候因为玩得过火，不小心将家中一棵樱桃树搞倒了，他怕父亲的惩罚而不敢承认，父亲很生气，拿着棍子要打他。当他哭着承认是自己不小心干的时，爸爸不但没有打他，还把他抱在腿上说：“儿子的诚实比一棵樱桃树重要多了！”并以此教育他：不管什么时候都要诚实、要敢于承认错误、敢于承担责任，诚实的人才招人喜欢，才能干大事！华盛顿牢记父亲的教导，终于成了杰出的人物。

（3）受环境影响而说谎

有些孩子说谎，是因为交了一些喜欢说谎的朋友。在与这些朋友的相处中受到影响而说谎，或者干脆是朋友们教他说谎。

针对这种情况，家长就要在纠正孩子错误的同时，提醒、限制孩子跟这些朋友交往。要给孩子讲清“近朱者赤，近墨者黑”的道理。要鼓励孩子和那些诚实、上进的孩子交朋友。当然，有些孩子说谎，是因为父母自己喜欢说谎，耳濡目染，孩子也养成了说谎的习惯。

有时候对于孩子的无意说谎，家长不必过于追究，因为随着孩子认识能力的提高，这种现象会慢慢消失。而对于有意说谎的孩子，则要严肃对待。有意说谎通常带有明显的欺骗目的。当他们知道一旦讲出事实真相将要受到惩罚时，就可能用谎言来掩盖事实。或者，当孩子意识到不隐瞒事实将得不到社会承认或家长表扬时，也可能采用说谎的手法。

针对这一点，家长可以对孩子说：“说谎的人会失去别人的信任。”增强孩子的自律意识，自觉地改变说谎的坏习惯。

专家建议

对于爱说谎的孩子应该怎样教育呢？

不要用成人的道德标准来责难孩子。小孩子说谎的动机往往不是为了损人利己，伤害他人，而是一种自我表现，自我想象，不可轻易用道德、良心之类的语言指责孩子。

父母要言之有信。许多父母为了诱导孩子完成一件任务，便信口开河许下诺言，却不信守诺言，这样容易使孩子产生抵触情绪。

家长要在家庭中形成宽容的氛围。不要过于苛求和责难孩子，更不能用体罚来对待孩子的过错。不要让孩子形成恐惧感，是防止孩子说谎的重要条件。对于孩子的有意说谎，要进行认真的调查和分析，用事实真相来点穿谎言，让孩子懂得说谎是要受批评的，从一开始就堵住孩子说谎的企图。此外，要着重从正面教育孩子从小做老实人，讲老实话，办老实事，让他们懂得不说谎的人才能心里平静，精神愉快。

04 告诉自己，我能做到

涓涓是个腼腆的孩子，平时都不敢大声说话，所以，上英语课的时候，涓涓总是一个人低着头默默地看着课本，根本不敢跟着老师大声地朗读。可是，要想把英语学好，就必须把读放在第一位，所以，涓涓的英语成绩慢慢落后了。

妈妈问涓涓为什么不太喜欢英语，涓涓的回答是："没有信心学好，觉得英语太难了。"

这天，涓涓的英语又一次考砸了。她很伤心，一个人在屋子里面自言自语："唉，怎么才能把英语学好呀，我能把英语学好吗？"

这时，妈妈走进涓涓的房间，说道："我过去上学的时候，数学成绩很差，我刚开始的时候也是没有信心把数学学好。可是，后来我改变了学习方法，把自信找了回来。我相信自己一定能把数学学好。”

涓涓很意外妈妈为什么突然说这番话，便问道：“后来你的数学成绩怎样了？”

妈妈微笑地说：“数学成了我的强项了！”

涓涓赞叹道：“妈妈，你真棒！你有什么方法吗？”

妈妈回答：“有呀，不过最重要的方法就是我的自信心。所以，你对英语学习也要找回自己的信心。我明白你没有信心，但不要怕，我们一起找回来。OK？”

涓涓望着妈妈也俏皮地做了一个“OK”的手势，自信的笑容回到了她的脸上。

生活中，常常听到一些家长抱怨道：“我的孩子小小年纪，却老是满脑子的不自信，总是觉得脑子笨，学不好东西。”可是，父母可曾去深入了解孩子为什么总是对自己的学业缺乏信心呢？真正的原因可能是：他屡次做出了努力，可是却还是失败，也就渐渐丧失了自信。此外，也可能是家长总是对孩子强调学习成绩，无形中给予孩子巨大的压力，当他考试没考好的时候，心中的自责越发的严重了，所以导致对学业没有了信心。

故事里妈妈的教育方法很得当，她首先帮助孩子重建了自信。让孩子明白功课不好并非自己脑子笨，而是因为学习方法不对和信心不足造成的。要记住，当孩子没有信心时，父母一定要帮助他们恢复信心。

日本著名学者板本保之介小学时在500名学生中排名470位。他认为自己脑子笨，非常自卑。后来其父教育他说：你无论上山捉鸟还是下河捉鱼，都比别人干得出色。我教你下象棋或下围棋的规则，你也是一学就会，这说明你并不比别人笨。他听了父亲的话，觉得很有道理，于是立志学习，一个暑假就把落下的课程补上，跃居前十名。

现实中的这个例子告诉我们，孩子往往不是没有具备成功的潜质，而是缺乏正确的教育和引导，一旦帮助他们树立自信，孩子常常会取得意想不到的成果。

父母要相信孩子。每个孩子都有巨大的潜能，关键是你能不能把它开发出来，美国教育家把教育孩子的全部奥秘归结为四个字：信任孩子。当然，孩子的消极想法并非一两句话就能立刻消除的，父母们接下来要定下有效的方法帮助孩子重建自信。

专家建议

当孩子对某一学科没有信心时，父母应该怎么培养他们的信心呢？

中肯地分析。通过耐心细致又合乎情理的分析，让孩子明白这样一个道理：自信是把学习搞好的前提条件。例如孩子的数学成绩不理想，家长可以帮助孩子找到一些行之有效的学习方法，告诉他要给自己足够的信心。

真诚地赞扬。对于那些缺乏自信的孩子，真诚地赞扬他们取得的每一项成功都十分重要。经常赞扬就可让孩子重拾信心。

05 孩子，你要学会宽容别人的过失

这天，秦咏和邻居家的小君在院子里下象棋，两人的棋艺都很不错，所以，一盘棋用了一小时也没有分出胜负，真是棋逢对手了。此时，正好有个电话找秦咏，他飞快地跑进屋子里接电话去了。当他回到棋盘跟前的时候，他发现自己的棋子似乎被小君移动了位置，而且是一步决定胜负的棋子，秦咏自然非常生气，他质问小君道："你太没有棋德了，怎么能作弊呢？"

小君一脸冤枉，说道："我没有呀，你胡说！"

秦咏看到小君极力否认的模样，更是气不打一处来，他指着小君说道："你明明就是动过手脚了，你赖皮！连一盘棋都输不起，还是什么男子汉！妈的！"

小君听到秦咏骂自己了，当然也不肯甘拜下风，两人厮打在一起……

晚饭后，妈妈询问秦咏打架的原因，秦咏便说了原委，妈妈问道："可是，小君说你骂人了。"

秦咏气鼓鼓地说："那小子就是该骂！"

妈妈严厉地说道："你这样做很不礼貌！骂人是最可耻的行为。当你也被别人责骂的时候，你会做何感受？"

秦咏听罢，惭愧地低下了头……

在生活中，我们发现有的孩子到了一定的年龄，会突然变得爱说脏话，有的家长要么是狠狠地教训一顿，要么是拉过来揍几下，当时孩子可能有所畏惧，但时间久了依然如故。当父母面对粗言秽语的孩子时，指责往往不会产生积极的效果。

此时父母要冷静下来，告诉孩子说脏话的影响，要明确指出骂人是不对的行为，是不尊重别人的表现。要教会孩子在说脏话前，想一想对方的感受。

孩子是需要父母提醒的，有时候是因为愤怒之极，便会脱口说出脏话。对此父母应该教会孩子宣泄愤怒情绪的正确方法。

其实，要解决孩子说脏话问题的前提条件是查明孩子说脏话的原因，然后再有针对性地给予指导。孩子说脏话往往是从模仿开始的，为此，必须净化孩子的语言环境。

孩子好模仿，且缺乏是非观，他们往往从电视、电影中，从父母、同伴那儿学来许多脏话和一些不健康的儿歌、顺口溜。为此，父母应该做好表率，带头说文明语言，并且要慎重选择影视节目，引导孩子玩文明、健康的游戏，如发现孩子和伙伴说脏话时，应及时指出并给予纠正。

专家建议

对偶尔说脏话的孩子，家长应以文明的语言把孩子所要表达的思想、感情重复说一遍，形成正确示范。如孩子经常津津乐道重复一些脏话，家长应严肃地告诉孩子这句话不文明。爸爸、妈妈和所有的人都不喜欢听，并和孩子一起分析孩子喜欢的、尊敬的成人是怎样说话的。利用榜样的力量，可使孩子认识到说脏话不好。

教给孩子正确表达气愤、激动情绪和处理矛盾的有效方法。告诉孩子和他人发生争执时可以说:“你住口！”“请你走开！”“你不讲道理，我很不高兴。”或自己先走开，等等，避免自己或对方说出脏话。

06 偷偷拿自己家里的钱是可耻的，这也是一种偷盗行为

林竹特别喜欢周杰伦，几乎到了痴迷的状态，只要有什么与周杰伦相关的东西，林竹都会尽力去收集，什么CD呀、海报呀、图书呀，等等。

这天，林竹听到了周杰伦要开演唱会的消息，欣喜若狂，他发誓一定要亲临现场观看自己偶像的表演。不过，周杰伦演唱会的门票价格高得令人咋舌，林竹自己的零花钱只能买到四分之一的门票。眼看演唱会的时间临近，可是自己还没有买到门票，林竹真是一筹莫展。林竹也想过请爸爸妈妈帮忙，可是，转念一想，父母肯定不会同意的。

林竹实在太想亲眼见到周杰伦表演了，所以，他决定“铤而走险”。这天放学后，林竹发现爸爸妈妈都没在家，他便悄悄地打开妈妈的梳妆柜，拿出了300元钱。正在这个时候，妈妈碰巧推门进来，林竹被“当场抓获”。

妈妈很惊讶，也很生气，但是她还是忍住了怒火，问道：“为什么要这样做？”

林竹惭愧地低下了头，小声地说：“我，我想去看周杰伦的演唱会。妈妈，对不起……”

妈妈听罢，说道：“孩子，你知道吗？私拿家里的钱是很坏的行为，它的实质就是偷窃。不要因为是爸爸妈妈的钱，就可以随意私拿。明白吗？妈妈相信你能明白这样的道理。如果你真的很想去看演唱会就要和爸爸妈妈商量，嗯？”

林竹点点头，承认了自己的错误，并保证自己下次再也不会这样做了。

最后，妈妈帮林竹买了周杰伦演唱会的门票，林竹终于真正和偶像来了一次“亲密接触”。

经常听见一些母亲抱怨说孩子拿了柜子里或父亲衣袋里的钱。孩子私自拿家中的钱确实是很坏的行为。有些孩子可能觉得自己拿的不是外人的钱，而是自己父母的钱。这样的事情不至于太严重。可是，如果家长没有及时纠正孩子这种错误的想法或是行为的话，孩子一旦有了这种恶行，便很难纠正了。

当家长发现孩子有私拿家中的钱的不良行为时，切不可严厉打骂。而要启发孩子的廉耻心，指出孩子的错误，促进其反悔。

在教育孩子不应私自拿父母钱的同时，应更加热情地关心孩子的需要。弄清楚孩子为什么要这么做。如果是正当需要，应向孩子说明可以向父母索取。

还有些孩子在学校里看到同学有什么好东西，自己没有，就偷。这当然是极端可耻的行为。父母如果发现孩子偷了别人的东西，应该向孩子说明偷盗是可耻的行为，劝说孩子把东西交还原主。这样做虽然不容易，但必须这样做。不要见了孩子做了这种事，就劈头打骂："打断你的手，看你以后还偷不偷！"这样的打骂，只会激起孩子的逆反心理，使事情变得更严重。

专家建议

私自拿家中的钱是一种不光彩的偷盗行为。七八岁开始明了事理的孩子都知道偷盗是可耻的，因而一个孩子在做这种见不得人的事情时，内心一定有些恐惧和不安，唯恐父母发现。所以，一旦发现孩子有这样的行为，父母要冷静，不要动辄打骂。要和孩子好好沟通，让他能真正深刻体会到自己的错误。

在一些家庭中，有的父母爱占便宜，见孩子偷了东西，甚至默认和夸奖，这会诱导孩子犯下更大的错误。所以，父母一定要杜绝这样的情况发生。

07 把重要的事情放在前面去做，可以让你玩得更开心

迪迪是玩电脑游戏的高手，特别是玩一种叫 CS 的网络游戏，更是高手中的高手。在玩 CS 游戏的同学中间，迪迪可是有头有脸的人物。当大家请教他如何把 CS 玩到如此高的“境界”时，迪迪总是做出深不可测的样子，还真有一副高手的模样。

不过，迪迪为了这个“高手”的称号却把各科成绩像红灯笼一样高高挂起。原来上学期在班里面还名列前十的他，现在变成了倒数。

爸爸自然也注意到了这个问题，这天，迪迪放学回来，随手就把书包一扔，坐到了电脑前准备进行新一轮的“网络厮杀”。爸爸走了过来，对迪迪说道：“网络游戏很有意思，对吧？”

迪迪怯怯地点点头，心想：“这下糟糕了，肯定会被老爸骂个狗血淋

头的。”

可是接下来的事情却让迪迪颇感意外，爸爸并没有骂他，反而以和缓的口吻对迪迪说：“我知道玩游戏是你的兴趣，但我担心会影响你的学习，好像你最近的成绩退步很大哦。人的时间有限，游戏可以玩，但不能沉迷其中。”

迪迪再次点头。

爸爸接着说道:“玩游戏我并不反对,但是凡事都要有个先后顺序,对吗?爸爸相信你能自己安排好学习和玩游戏的时间。”

那次交谈以后，迪迪把心思重新放回了学业上，学习也渐渐赶了上来。值得一提的是，在课余时间，迪迪还教老爸怎么玩 CS 呢。

如何看待、对待孩子上网、玩游戏，是一个令许多家长感到头痛和困惑的问题。面对孩子沉迷网络、荒废学业的情况，父母切不可对孩子严厉责骂，或是禁止孩子上网。一方面，孩子年纪还小，对诱惑的抵抗力低，很容易着迷;另一方面每个人都会沉迷某种东西，对网络和游戏着迷可以理解。

只要我们教给孩子一些规则，对孩子的上网加以正确的引导，引导他们遵守这些规则，就可以避开这些风险。

（1）要有家长的引导

儿童在十岁左右就可以独立上网了。上网就像孩子上街一样，要注意安全，遵守交通规则。家长先是带着孩子走，待孩子熟悉了基本的路径后，家长就可以松开手，看着孩子操作。只有在孩子形成了良好的上网习惯后，家长才可以轻松地站在孩子的背后。

指导孩子从玩简单的游戏、画画开始，使儿童获得关于电脑的一些基本知识，认识电脑的作用，使孩子把电脑当作一种工具来认识和使用，养成一种健康的上网态度。家长尽可能鼓励孩子亲近网络，增加学习的动力和自信。

（2）家长要多监控

孩子上网，首先要指导孩子进入安全的网站，家长要控制上网时间，养成孩子遵守诺言的习惯，该下线是就下线，培养孩子不迷恋网络的习惯，增强自控能力。

当孩子存在操作失误或者接触到不健康的东西时，家长要宽容地对待孩子，和孩子交心谈心，告诉他改正的方法，并在随后的时间里跟踪调查。

（3）制定上网规则

家长可以和孩子共同制订上网规则。如：只能进入指定的几个网站；别人推荐的网站须经过家长同意才能进入；不可暴露自己的真实身份，学会保护自己等。

（4）鼓励孩子探索

鼓励儿童在儿童网站中自由穿行，让他自由活动，自由摸索，按自己的意思选择喜欢的活动方式，这样会促进孩子的发展。

家长要不断学习网络知识，做好孩子成长的引路人。引导孩子直观感受网络的用途，识别网络的利弊。可以带孩子到身边的网络高手那儿参观，让孩子感受到网络的神奇和魅力，激发他们的创新精神和实践能力，认识到网络不仅仅是用来玩游戏的。

专家建议

家长对孩子使用网络负有义不容辞的监管责任。家长应当不断地学习网络知识。这一方面是时代发展所必需的，另一方面是使自己成为孩子使用网络的引路人。

家长要让孩子知道网络的利与弊，而一些危害是完全可以克服的。如：不痴迷于网上虚无飘渺的事情，不要将网络作为精神寄托；家长要控制孩子使用网络的时间，了解孩子上网的行为，等等。

08 想要发表意见时，请等别人把话说完

这天，骆刚全家在客厅里面展开了一场“别开生面”的家庭大讨论，大家讨论的主题就是“是否有必要购买一台新的电脑”。事情的起因是这样的：骆刚家里原来已经有了一台电脑，不过，现在全家三口人经常会因为抢用电脑而出现一些“小摩擦”，所以，爸爸提议再购买一台电脑。骆刚自然是举双手赞成了，可是，妈妈认为购买电脑可能会影响骆刚的学习，另外，这也会打乱家庭的预算开支。

妈妈对父子俩说道：“买一台新的电脑，我并不是绝对赞成。我害怕小刚会为此迷上了上网。”

骆刚抱怨道：“怎么会呢？我保证不会的。”

妈妈接着阐述观点：“我觉得，我们家并非需要再买一台电脑。”

骆刚迫不及待地接着妈妈的话茬说道："怎么会呢？我们太需要买一台电脑了。"

接下来，只要妈妈说一句，小刚必定反驳一句，似乎真的和妈妈"对上"了。

妈妈望着儿子，压住了心中的不悦，说道："我很高兴你有自己的想法，但你这种态度令我很难受。你等妈妈说完了，再表达你的观点，好吗？"

骆刚有点不好意思地点点头。

不一会儿，家庭会议完毕了，买新电脑的"决议"终于在"友好"的气氛中顺利通过，骆刚高兴得跳了起来，爸爸妈妈也高兴地笑了。

现实生活中，家长面对孩子的反驳，多半愤怒不已："当孩子的，怎么能随便反驳父母的话，简直是没大没小"。于是，家长便会大声呵斥孩子："听我的，你说什么也没用。"当然，最终结果就是父母怒气冲冲，孩子敢怒不敢言，一家人都不愉快。

此时父母最重要的工作就是教育孩子学会尊重别人。告诉孩子，有自己的见解和主张是很好的一件事，但如果不等别人把话说完就抢话、反驳是很令人讨厌的。

实际上，孩子的不懂事完全是因为父母听不进别人的意见造成的。父母应该多与孩子交流，认真聆听孩子的见解。成人与孩子的观点不同。成人眼中的小问题在孩子的眼中可能是大问题，不妨认真听完孩子的话再发表自己的意见。另一方面，父母要了解孩子的感受，多同孩子谈一些他们关心的问题，站在孩子的角度上看问题，帮助孩子解决困惑。这样能真正达到与孩子的心相连、心相通，逆反心理就自然而然地消失了。

父母一定要记住，孩子在模仿自己的一言一行，只有父母表现出对别人的绝对的尊重，孩子才会学会尊重别人，才会在合适的时机使用合适的方式表达自己的观点。

专家建议

务必记住像对待成人一样对待孩子。有的父母或老师对此不以为然，认为自己是长辈，就应该摆出居高临下的架式，与孩子说话也常用训斥的口吻。但是，孩子虽小却有自己的观点，不会简单地服从和遵守你的命令，他们希望并且需要父母以同志式、朋友式的平等态度对待他们。

要记住，孩子有发表自己意见和观点的权利。不要对孩子的反驳强加制止，而是应该倾听他们的想法，与他们做好沟通。

09 我希望你是一个懂礼貌的好孩子

最近佳佳迷上了一种猜字游戏，每当做完功课后，她都会捧着一本厚厚的书本来做这些猜字游戏。可是，这种游戏还是有一定的难度的，有时候，佳佳忙活了老半天也猜不出一道题，真是令人懊恼。

这天，佳佳再次玩起了这种游戏。正在她陷入沉思的时候，邻居家的小欢过来找她玩。兴许是佳佳太入神了，竟然没有注意到小欢在向自己打招呼。小欢误以为佳佳不理睬自己，便顺手把她手中的书抢了过来："哟，在研究什么呀？这么痴！"佳佳被她吓了一跳，思路被打断了，本来即将思考出来的答案一下子消失得无影无踪。佳佳很生气，对着小欢叫道："你怎么这样呀！太讨厌了！"

小欢看到佳佳如此愤怒的样子，一溜烟地跑回了自己家。

妈妈也听到了佳佳的叫声，便问道："怎么这样对小欢说话呀？"

佳佳正好有气没处发，竟然也对着妈妈吼了起来："这样怎么了？你别管我！烦死了！"

看着无端发火的女儿，妈妈没有生气而是平静地说："不管怎样，当你发脾气的时候，应该去洗个澡，或是喝杯水。但不要冲着人大喊大叫，这样不好。"

佳佳听罢，方才觉得刚才有点过分了。她接过妈妈递来的水杯，喝了一大口水，情绪缓和了许多。佳佳抱歉地对妈妈说："刚才，实在对不起……"妈妈体谅地对着女儿笑了。后来，佳佳还主动到小欢家向她赔礼道歉。

孩子的情绪表达往往非常直接，一发起脾气来，就是什么话都听不进了。这种情绪的表达往往会伤害别人，所以，父母要让孩子学会控制自己的情绪。把孩子的注意力转移，用一种不会伤害人的方式，把感受表达出来。比如，鼓励孩子把自己生气的感受写在日记上，或者大吼一声，或者洗个澡等等，使发怒的情绪得以缓解。

此外，家长面对孩子发脾气时，切不可以怒制怒。当孩子在极度愤怒之时，最好不要跟着发火，以恫吓甚至棍棒来强行压制孩子的情绪。可以轻轻抚慰他，或让他坐下来，倒杯水缓和一下他的情绪。如果实在无法平息，暂时隔离他，如单独留他一个人在房间里，提供一个冷静的环境平抚情绪。待孩子冷静下来之后，可让他洗个脸、喝杯茶，或者睡上一觉，然后再和他慢慢谈心。当孩子获得发泄的渠道和得到父母的聆听时，心情会比较容易平复的。

家长要教孩子学会自我克制。比如：自我暗示法——一旦感到自己要发怒时，心里反复默念："不要发火，要冷静，要冷静……"；转移法——当感到怒气上来时，迅速离开现场，或去干别的事情；深呼吸法——发怒时，要求自己做几次深呼吸，吐出心底怒气；肌肉紧张法——紧握拳头再松开，紧绷脚板等。

专家建议

面对孩子发脾气时，父母应该尽量让孩子转移注意力。比如，带他到公园、娱乐场所去玩，分散注意力。

此外，也可以让孩子发泄精力。如绘画、练书法、下棋等；或者让他参加体育活动，如打球、跑步等，把怒气发泄到运动上；或者听听音乐、唱唱歌；等等。

10 路是自己选的，要对自己负责

叮当很喜欢足球，而且是一个绝对合格的小球迷，每当有什么足球联赛呀、现场直播球赛呀，叮当一定是不管三七二十一，必定想方设法到现场观看。这天是星期三，有一场很精彩的甲 A 比赛将在他所在的城市举行，叮当用自己攒了半年的零花钱买了一张甲 A 球赛的门票。他心里想，为了这场球赛，就逃一次课吧，就算被爸爸妈妈和老师批评，我也不后悔。就这样，叮当偷偷地溜出学校，去看球赛了。

老师在检查班级人数的时候，发现叮当无故旷课，便直接给他爸爸打了电话，告知此事。所以，当叮当看完比赛回到家里的时候，爸爸早已在等候他的“逃学归来”了。

叮当看着爸爸的脸色，心中已经略知几分。但爸爸没有意想中那样责骂他，而是以很平静的语气询问道：“今天你好像无故缺课了，你可以解释一下吗？”

叮当低着头，小声地说道：“我去看球赛了，爸爸，对不起，我真的很想看那场球赛。”

爸爸沉吟道：“你这样做并不是对不起我，而是对不起你自己，作为一名学生，你的首要任务是学习，旷课是对自己的不负责任。你明天主动和老师承认错误吧，另外，一定要想办法把今天缺的课补回来。可以吗？”

叮当感激地望着爸爸，说道：“我一定会做到的！我保证再也不会有这样的情况发生了。”

爸爸拍着孩子的肩膀说：“我相信你，以后一定要在不影响学习的情况下，再去看球，知道吗？到时候别忘了叫上你老爸我！”

叮当和爸爸相视一笑……

生活中，当发现孩子无故旷课的时候，父母切忌情绪冲动，不问青红皂白，就对孩子进行教训。家长应该控制好自己的情绪，要直接询问孩子逃学的理由，例如：“今天你好像无故旷课了，你可以解释一下吗？”“你能把今天旷课的原因告诉我吗？”，等等。切不可没等孩子解释，就动手打骂，这很有可能让孩子原本不多的求学热情荡然无存，也易使孩子因怕被打骂而撒谎。

正确的做法应是来个“冷处理”，先平息自己心中的怒气，然后再了解孩子逃学的原因。弄清原因，才能对症下药，教育好孩子。

此外，家长应常到学校去，了解孩子在校的表现，和老师配合。家长和学校双管齐下，才能更有效地遏止孩子的逃学行为。

父母要解决孩子无故旷课和无故逃学的问题，要从根本入手，帮助孩子养成良好的学习习惯。

一种良好的学习习惯可以使一个人受益终身，可是一种好习惯的养成不是一朝一夕的事情，更不是孩子能自我养成的。孩子的天性是“玩”，玩对于他们来说是比学习更具吸引力的。因此，孩子会常常为了玩而不做作业，或旷课、不去上学。这些都是不良的学习习惯。在这种情况下，家长首先应该和孩子谈谈心，指出孩子这些不良的行为，让孩子明白这样有多么不好。做通孩子的思想工作后，可以和孩子一起订出几条要求，并监督孩子完成协议的要求，及时发现问题，及时纠正。久而久之，孩子就会养成自觉学习的好习惯。

专家建议

家长应每天抽一定的时间留给孩子，和孩子聊聊天，听听孩子的倾诉，看看他的作业。在孩子面前，少摆家长的架式，多做孩子的朋友，才能更好地和孩子沟通。有条件的话还应和孩子一块运动或郊游。

家长应做一个有心人，多留心观察孩子常和什么人来往，要好的同学是谁，常到哪里玩，发现不良苗头，及时制止。

11 关心他人，让自己成为大家都喜欢的人

贝宁从小就被看成全家的宝贝，在娇生惯养、百般溺爱中长大。从小形成了目空一切、独断专行、顽固任性的个性，他自私、霸道的心理在他与同学、朋友的交往中极尽暴露。

比如在班上，要是轮到贝宁劳动了，他不但不会动手打扫卫生，反倒以命令的口吻对同学说："喂，我干嘛要扫地呢，你们自己扫不就行了！"要是老师对他稍作批评的话，贝宁立刻气鼓鼓地望着老师，一脸不认错的模样，似乎在说："你凭什么骂我？"老师对贝宁很头疼，甚至产生了把贝宁转到其他班的念头。

这天，妈妈把贝宁叫到跟前，说道："班里面的同学和老师似乎不太喜欢你哟，你知道为什么吗？"贝宁摇摇头，说道："不知道，谁知

道呢？”

妈妈继续道：“是因为你的霸道的态度，你应该也不喜欢霸道的人吧？孩子，你这样的态度很让人难受。一个人只有成为大家都喜欢的人，才会有朋友，长大后才会有事业，才会快乐、幸福。你不想得到这些吗？”

妈妈的话深深地触动了贝宁，他开始反省自己的行为了。以后的日子里，爸爸妈妈常常带着贝宁去散步，和他谈心，给他讲一些与人为善、与人合作的故事，贝宁渐渐有了很大的转变。

后来，贝宁改掉了“小霸王”的态度，渐渐地他发现自己开始有朋友了，而老师也开始喜欢自己了。

当父母发现自己的孩子在学校或是家里都是一副“小霸王”的样子，那就要反省自己的教育方式了。因为一般在溺爱中成长起来的孩子，多半会养成霸道、自私的性格，他们认为“索取”或“获得”是天经地义的，常常为个人得失斤斤计较。而此刻父母就要立刻告诉孩子：“你这样的态度让人很难受。”让他明白霸道是不受人喜欢的。

在孩子犯错误时，粗暴地批评、指责，只能使结果变得更糟。这时，家长不妨像朋友一样，温和地对孩子说“对人霸道的态度并非是你的本意，你可以变成大家都喜欢的人”之类鼓励的话语。

有些孩子生来就是“领导者”，而霸道往往是领导者的一种表现。孩子的霸道若是气质所致，有可能持续下去。但是通过成人对孩子的尊重行为，引导他对人的同情心，教他处世交往的态度、技巧，培养他的合作、分享、交流、宽容的品质，将来可使孩子成为杰出的领导者，而不是一个令人讨厌的霸权主义者。

此外，父母注意自己平时对待孩子的态度，如果希望孩子不霸道，那么家长首先不要对孩子霸道，而且对孩子的期望和规定应合理，适合年龄特点，不要过分过高。父母要给孩子适当的关注。孩子有时候蛮横无理，要求很多，其实可能是希望家长多陪陪他们，是一种情感上的需要，应尽可能给予满足，这样孩子的无理和霸道也会少些。

父母还要适当满足孩子的控制欲。每天给孩子一些机会让他们去控制环境、指挥大人，这也可以减少他们想控制一切的欲望。

专家建议

父母要增强孩子的自我满足感。如果有些事情孩子不用家长叫做而自己就去做了，这时应赶快给予表扬，强化孩子的良好行为。

父母要认识到孩子的控制欲也是天性之一，不可能人为消除孩子的这种特点，但可帮助他适当控制，教他一些领导技巧，同时注意培养孩子的同情心及处世的态度。

12 做任何事情都要考虑别人的感受

于佩很喜欢听音乐，而且最喜欢一些旋律轻快的舞曲，每当听到这些音乐时，她会随着节奏跳起舞来。每当她遇到什么烦恼的事情，只要把音乐放到最大声，然后和着歌曲一起唱歌，所有的烦恼都会抛到九霄云外，心情会舒畅很多。

这天，于佩在学校里被老师批评了，心里很不舒服，所以，放学后她就以最快的速度跑回了家，一进门就把音响打开，放进了一张迪斯高的唱片，把音量调到了最大声。刹那间，震耳欲聋的音乐声在屋子里面回荡着，房顶似乎都快被掀翻了。

妈妈被高分贝的音乐吵到了，她走出客厅，来到小佩身边，拍拍正在尽情歌舞的于佩，说道："你把音量开得太大了！你有听音乐的权利，不过，你把音量开得太大了，会影响到其他人，知道吗？做任何事情都要考虑别人的感受。”

于佩红着脸回答：“嗯，妈妈，以后我会注意的。”

有时候，孩子会把家里的音乐声音、电视声音调得很大，或者把家里的冷气开得很大，他们觉得只要自己舒服就好。出现这样的状况就是因为孩子多半只会考虑到自己，而不会顾及到别人的感受，总是喜欢以自我为中心。

现实生活中，有些父母对孩子关心、照顾过度，宠爱、迁就过度。这样，使孩子不自觉地加重了自我意识，形成了以自我为中心的心理定势，只顾自己，不考虑他人。纠正孩子的这种心理定势，不是一件容易的事，家长要耐心、细致。孩子很容易受父母的影响，如果父母经常提醒他既要考虑别人的感受，而又给予他自由的选择，他渐渐便会二者兼得。所以，生活中，父母可以适当地指出孩子有哪些行为对别人造成了影响，让孩子学会换位思考。

此外，父母还要再进一步肯定孩子在他们心中的价值——他是善良的、会顾及别人感受的，让孩子自行判断应该怎么办。

父母还要让孩子在同学和邻里中多结交朋友。现在孩子普遍没有兄弟姐妹，邻里交往也很少，许多孩子终日只是一个人学习、玩耍，这样，孩子的心里自然很少考虑到他人，孤独的环境形成自我中心是必然的。改变这种情况，家长除了时时陪孩子交谈、娱乐外，更重要的是鼓励孩子与同学、邻里发展友谊，要鼓励孩子带同学、朋友来自己家里玩，也要鼓励孩子去别人家玩，让孩子帮邻居家取报、送信，到邻居家借还物品等。家长带孩子出游时，也可带上孩子的同学和朋友。在这些交往过程中，孩子就会体验到与朋友应怎样相处，逐步学会为他人着想、关心他人。

专家建议

父母有时候明明是在关心孩子，却多半用责难的语气说出来，可是孩子往往只听到责骂而没有感受到背后的关心。所以当父母要求孩子改掉一些不良行为的时候，不妨采取一些建议的口吻。

平时要有意识地锻炼孩子自我判断事物对错的能力，让他们学会为他人着想。

13 用爱化解矛盾和冲突

卢双有一只小宠物，是只小猫咪。他特别喜欢这只小猫咪，每天放学回家要干的第一件事就是和猫咪说话，给猫咪喂吃的东西。有时候还会在做完作业后，带着猫咪去散步。卢双把小猫咪当成自己的弟弟来疼爱，对它可是百般呵护。

这天，卢双和妈妈一起带着猫咪去公园散步，猫咪一来到公园就乐开了，它奋力挣脱小双牵着的绳子，跑到另一边去玩，卢双无可奈何地笑着说："呵呵，那就让你自由活动一会儿啦。"

突然，卢双听到猫咪悲惨的叫声，赶忙跑了过去，原来，自己的猫咪正被一只大狗欺负呢——大狗正咬着猫咪的耳朵不放。卢双怎能让自己的弟弟被人欺负呢，他捡起身边的一块大石头就朝着大狗的脑袋上砸去，大狗立刻松开了猫咪的耳朵。猫咪“得救”了，小双还是不解气，接着跑到大狗身边用力地踢了一脚，大狗“落荒而逃”。妈妈看到了这一幕，连忙走到孩子身边，说道：“你的猫咪是得救了，可是那只狗会疼的呀，救了一个却伤了另一个，你的处理方法是不是不够完善？”

听了妈妈的话，卢双点点头，他想了想又问妈妈：“那我该怎么做呢？”

妈妈语重心长地说：“不论遇到怎样的的矛盾，坚持用爱去化解，这才是最好的解决方法。”

有时候家长看到孩子粗暴地对待宠物，会立刻责骂孩子，这样做往往难以产生好的效果，此时，父母应该直接说出自己的希望，告诉孩子“小动物会疼的，你应该爱护它”，这样，孩子就能清楚父母的期望，改变自己的行为。如果孩子听了父母的建议，不再对小动物粗暴，父母就要及时地给予他表扬；

如果孩子仍是不听的话，父母便要再次认真对待了，想办法找一个更合适的方式和孩子交流，使孩子不再对小动物粗暴。

父母还要提醒孩子，动物跟人一样会有感觉，可以的话，让孩子幻想自己被这样对待会有多么痛苦，然后再弄清楚孩子如此粗暴的原因，才可以跟孩子讨论，纠正他的做法。

此外，更重要的是，父母要培养孩子的爱心，教会他们懂得尊重生命。一个没有爱心、不懂得尊重生命的人是可怕的。所以，父母必须加强孩子的爱心教育，让孩子学会善待生命。

父母要告诉孩子，爱心就是爱人之心，即关心和爱护他人。有爱心的人必定热爱生活和善待生命，在他们的心中，任何生命都是宝贵的，都要用心灵去对待。

专家建议

父母要告诉孩子：动物和人一样都有生命，所以，同样要以尊重的态度对待它们。

当孩子做错事的时候，父母不妨直接说出自己的期望，让孩子明白自己到底哪里错了，这样的教育方式或许会比直接批评来得有效。

14 作弊是错误的做法，诚实比分数更重要

期末考试结束后，同学们终于可以松一口气了，或嬉笑着去打球，或打闹着往家赶。可姗姗却满脸愁容，心事重重地回到家，一句话也不说，便把自己关在了房间里。妈妈很是纳闷，姗姗怎么突然变成这样了，好不容易考完了，她应该高高兴兴的呀，怎么却一反常态?

妈妈敲着姗姗的房门，说道:“珊珊，怎么一个人闷在房间呢？是考砸了？还是因为别的事情？把门打开，告诉妈妈，好吗？”

珊珊把门打开了，可她却只是流泪不说话，正眼也不敢瞧妈妈，良久才怯怯地小声说：“我考试作弊，被老师抓住了……”

妈妈这下明白了，她平静地和姗姗说：“妈妈觉得诚实比分数更重要，我相信你能明白的，对吗？”

珊珊微微点头，哭着说道："在考数学的时候，我忍不住偷看了一条公式，可偏偏就被……我不是故意的。"

妈妈拍拍她肩，柔声继续道："偷看一条公式也是作弊呀，作弊就是不对的行为，我希望以后再也不会听到类似这样的事情了，能答应妈妈吗？我们拉勾？"

珊珊伸出手和妈妈拉勾起来，她含着眼泪感激地对妈妈说："我保证不会再有下次了，请您原谅……"

没等珊珊说完，妈妈已经把她搂在了怀里。

生活中，当父母们听到孩子考试作弊的事情，当自己的孩子像珊珊一

样犯了不该犯的错误，面临着受处分的紧张压力时，家长该如何处理呢？

父母首先不要发怒和指责孩子。当孩子犯了错误以后，本来心情就非常焦虑和紧张，“要不要告诉父母？父母知道以后会怎么样？”孩子内心一直在矛盾着，斗争着。最后孩子还是把真相告诉父母，这说明孩子内心经过激烈的斗争以后，勇敢战胜了怯懦，诚实战胜了虚伪，这时最需要的是父母的帮助。如果家长这时不冷静，伤心失望之余，动手打孩子或者恶语相向：“你怎么这么不要脸，这种事情让人知道以后叫父母怎么做人！”这样会加重孩子的恐惧和内疚，甚至可能会引发无可挽回的悲剧。

就孩子自身而言，作弊原因主要有以下几方面：

一是虚荣心作怪。总想考出一个更好分数，以孝敬父母，或安慰自己。

二是不平衡心理使然。自己本来不想作弊，看到周围同学由于作弊而获得高分，排得好名次，受老师表扬，家长高兴，本人也洋洋自得，而自己老老实实地考试反而不如他，因而心理不平衡，也去作弊；

三是侥幸心理。见有人作弊没被抓住，自己也铤而走险。

凡此种种，家长应心平气和地坐下来与孩子谈心，分析出现这一错误的原因，让孩子讲述当时的心路历程，再给予相应的评价，引导孩子正确认识自己的错误。

此外，父母应引导孩子“先学会做人，再学会做学问”。做人最重要的就是诚实正直，家长应引导孩子明确“诚实比分数更重要”的道理。宁可要不及格的诚实，也不要掺假的高分。教育孩子以平常心对待考试。告诉他“只要尽力而为就行”。

专家建议

当发现孩子考试作弊了，父母切不可袒护孩子。孩子作弊被发现以后，是件丢面子的事，特别害怕受处分，也使家长无地自容，这时家长因害怕丢面子而代孩子向学校、老师求情认错，如此这般只会助长孩子的作弊心态，认为只要有父母出面，什么事情都能摆平，就不再从自身找原因了，难免以后再犯。

孩子犯了错误并不可怕，重要的是如何帮助孩子走出错误。应保持冷静，心平气和地了解情况，分析原因；心平气和地了解事情的前因后果及孩子的真实想法，引导孩子树立诚实的品质。

15 有理也不能动手打人，因为这是错误的做法

这天周兵在学校里动手打人了，到底是怎么一回事呢？平时对人总是很有礼貌的周兵怎么会打人呢？事情是这样的，周兵被老师选拔参加全市的物理竞赛，由于没有经过公开甄选，所以，同学之间自然有点闲言碎语，大家都在私下里议论道："周兵绝对是内定的，就因为他爸是教育局长的关系啦。"其中最不服气的同学是李松，他觉得自己的物理成绩比周兵优秀，可是老师却没有挑选自己。

放学后，李松拦住了周兵，质问道："你凭什么获得比赛的资格，是不是你老爸拜托老师这样做的？哼，就会走后门，有本事就靠自己！"

周兵面对这样的误会和无端的指责，非常生气，他说道："你不要胡说八道，我靠的是自己的努力！"

李松还是不依不饶地，继续说道：“别故意装了，谁不知道老师也在讨好你呀！”

周兵听到这里，实在忍无可忍了，他攥紧拳头上去就朝李松的鼻子挥上一拳。就这样两人扭打在了一起……

当周兵满脸淤青地回到家中时，爸爸担心地问道：“你的脸是怎么了？和人打架了？”

周兵点点头。

爸爸缓和地说道：“我知道你很生气。”爸爸稍停了一下，便立刻正色道：“但无论怎样，动手打人是不对的。”

爸爸说完，便亲手帮孩子的伤口擦药水，温和地询问孩子打架的原因。经过和爸爸的一番交谈后，周兵意识到自己的错了，而愤怒的心情也渐渐得到了好转……

生活中，当父母听到自己的孩子动手打人时，一定会很紧张、很生气的。但是这种暴力行为是必须要立即制止的。此时，父母切不可不问清事情的原委便破口大骂起来。而应当先以平和的语气对孩子说："我知道你很生气。"以表示明白孩子的感受，然后坚决地说："但是动手打人是绝对不对的。"说明自己反对这种野蛮行为，再给孩子冷静的空间进行思考，平复孩子激动的情绪。

此外，父母处理孩子间打架的事情要有这样正确的想法：孩子自己能解决的问题，尽量让孩子自己解决；孩子自己解决不了，求助于父母，父母切莫简单处理，武断对待，或不问青红皂白打骂自己的孩子或别人的孩子。这些方法对孩子的身心发展会产生不良的影响，都是不可取的。

父母应该先弄清楚打架的原因，让孩子有正确的是非观，分析原因后是自己孩子不对，父母应明确指出孩子的不对之处，并进行教育，还应该让孩子向对方赔礼道歉。假如分析原因后是对方的不对，父母也应指导孩子学会正确处理冲突的方法。

属于正常交往中发生的小冲突，可让孩子采取忍让、不予理睬的方法，这有利于培养孩子谦让宽容的良好品质；如果属于孩子的既得权益受到侵犯，可让孩子据理力争；对经常欺侮人的孩子，可以采取回避的方法，或向教师、家长反映情况，让成人介入。

专家建议

孩子之间发生冲突，家长要以诚相待，宽以待人，讲文明礼貌。这也会给孩子树立一个很好的学习榜样。切莫因孩子在交往中的问题引起家长们之间的不和睦，造成不良的影响。

父母要教育孩子懂得，做事要公正，不要强词夺理，当然自己有理也不要随便妥协，不讲原则。教育孩子不能随便动手打人，尽可能用讲道理的方式化解矛盾。

第二章

询问孩子时应该说的话

01 朋友是你的影子，选择朋友一定要慎重

洋洋上初中了。可是最近父母发现，洋洋经常放学不按时回家，电话也多了起来，节假日更没影了。那么洋洋究竟在忙些什么呢？原来洋洋在学校认识了一些高年级的朋友，和这些孩子组成了一个名为“霹雳小子”的团体，这群人是学校的“小霸王”，平时老是欺负同学，假如这些被欺负的同学要告状的话，那么他们会“倒更大的霉”。

洋洋人长得很高，也很壮实，而且特别迷恋电影《蛊惑仔》的情节，一直希望自己能做一个“行侠仗义”的人，所以，当“霹雳小子”“招募”他的时候，洋洋便一口答应了。每天放学后，洋洋都和自己的“哥们”到学校附近集合，或是一起去网吧玩游戏，或是去找一些同学的“麻烦”……总之，洋洋的初中生活就像江湖电影一样展开了。

洋洋的反常情况，引起了父母的关注，他们很担心洋洋，怀疑孩子是不是在外面交上了不三不四的朋友。洋洋的爸爸心想，光是猜测是得不到任何结论的，不如找机会和孩子好好谈谈。

这天，当洋洋再次晚归的时候，爸爸和他展开了一次开诚布公的谈话：

“洋洋，你还能适应初中的学习生活吗？”

“当然，简直是太适应了。”

“嗯，那么你也一定交到了很多新朋友了？”

“对呀，还有不少是高年级的朋友咧。”

“那么，我们现在来聊聊你的朋友，如何？”

“嗯，可以，那说什么呢？”

“你和新朋友们放学都是这么晚回家的吗？能告诉爸爸，你们都去忙什么吗？”

这下爸爸问到重点了。洋洋迟疑了一会儿，回答道：“我们就去玩了呀，还有就是……”“就是什么？放心说给我听，今天我们是平等交谈。”爸爸以缓和的语气鼓励孩子把话说完。洋洋继续道：“我们还去‘教育’一些同学。”

爸爸沉吟道：“你觉得你和你的这些朋友这样做好吗？而且你和他们学到有用的东西了吗？”

洋洋挠挠头说道：“我也觉得他们这样做有点过分了，不过，大家还是蛮讲义气的。”

爸爸语重心长地对孩子说：“你们对生活还没有更多的阅历，并不知道什么叫‘义气’，而一个人的成长和他所交的朋友有很大的关系。你能明白爸爸的意思吗？”

洋洋点点头，接着父子俩说了很多关于朋友间的故事，洋洋感触很大，他答应爸爸一定会认真交朋友，此刻他心中已确定要远离那群“霹雳小子”的“朋友”了……

孩子上初中以后，孩子的“知己”多了，特别看重友情。但是，由于孩子涉世未深，同龄人又都是“半幼稚”的少年，因此，在择友和交友时常出现偏差，甚至会交上坏朋友，并由此而走上邪路。因此，指导少年期孩子择友，就成为家庭教育的一个不可忽视的方面。那么，家长应该怎样指导孩子择友、交友呢？

首先要了解孩子与他人交往的情况。要了解孩子与什么人往来，活动内容是什么，活动对孩子有什么影响。这就要靠平时留心观察，与孩子和谐相处。在正常的状态下，孩子是很容易表现出他们在交友中的喜悦与苦恼、顺利与挫折的。引导孩子通过研究讨论，认清择友中的一些难于划清的界限，弄清交友时应注意哪些问题，并通过交友实践提高社会交往能力。要教育孩子学会尊重别人，讲究礼貌，使用文明语言，学会克服自己，善于以理服人；在学校，交友要以关心集体为基础，共同支持老师和干部的工作，不搞小团体活动；在交友过程中，应当真诚相待，勇于从爱护朋友的角度去开展批评。坚决反对那些为朋友包庇错误甚至过失，互相护短，互相抄袭作业，考试作弊，犯了错误共守同盟的错误作法。

家长要有开放的观念。就像故事里面的父亲，他会采用平等的交谈方式与孩子进行沟通，引导孩子说出自己所交朋友的类型，然后再对此和孩子进行分析教育。父母要记住，不要禁止、限制孩子交友，这样不利于孩子的成长，使他们变得孤僻，郁郁寡欢，不利于良好性格的形成。而且，因为家长的限制，孩子把公开的交往转入地下，一切向家长“保密”，那就谈不上任何指导了。

此外，家长应创造条件支持孩子通过正当的交往发展真正的友谊。当孩子在交友遭受挫折时，应耐心地加以引导，帮助孩子明确择友的基础、原则，学会交友的技能。

专家建议

家长要创造条件，满足孩子的交往需要，让孩子在健康向上的活动中发挥友谊。比如支持孩子的旅游活动，热情地帮助他们一起筹划；支持孩子的假期社会实践活动，为他们介绍可以联系的单位和场合。

在活动中启发诱导孩子们认识真诚的友谊与“哥儿们义气”、小宗派、小集团的区别，引导孩子认识真正的友谊是建立在以维护集体利益、社会利益基础上的互助互爱，共同进步。并通过支持孩子们参加集体活动，有益于社会的友谊活动来体会这些道理，掌握正确的择友、交友标准。

02 和朋友交往
要相互信任，坦城以待

琴琴和佳佳是一对好朋友，她俩亲得就和姐妹一般，而且她们从幼儿园到初中都是同班同学呢！拿琴琴妈妈的话来说，她俩比亲姐妹还亲，两人好得跟一个人似的。

可是，这样要好的朋友，这天却发生了争吵，两人闹得挺不愉快的，那到底是怎么一回事呢？话要从这里说起：新学期伊始，班里面要重新竞选班干部，经过同学们的投票选举，结果出来了，琴琴和佳佳居然获得了相同的票数，不过，老师认为班长只需一位就够了，所以，希望两人再进行一次竞选演讲，让同学们再来评判一下谁更适合当班长。正在这个时候，佳佳站了起来说道："我认为琴琴更适合当班长，她有良好的组织能力和亲和力，我觉得她比我更适合班长这个职务。"就这样，琴琴"不战而胜"了。

但是，佳佳的做法却让琴琴很不开心，她觉得佳佳这样做并非“大公无私”，而是有点故作姿态，让同学们知道她是一个不重名利的人，倒是让自己置于尴尬的位置上。琴琴越想越气，她跑到佳佳面前，大声地说道：“谁希罕你‘让贤’了，哼，你这样做想过我的感受吗？”说完，便转身离去……

回到家后，琴琴气鼓鼓地把这件事告诉了妈妈，而且还一直重复着这么一句话：“今天佳佳太过分了，她以为自己是谁！”

妈妈没有对这件事做任何评论，只是亲切地说道：“和朋友闹矛盾一定很难受吧？有什么办法让你心里舒服一些呢？”

琴琴听了妈妈这句话，一天的委屈终于爆发了，她抱着妈妈哭了起来：“我真的有点气佳佳，她都不想想我的感受。”

妈妈拍拍女儿的肩膀说道：“你为什么这样想呢？朋友交往要信任坦诚，

无端的猜疑会伤害彼此的感情。”

琴琴听罢妈妈的分析，止住了眼泪。正在这个时候，佳佳来到了琴琴的家里，两个好朋友什么也没说，便紧紧地拥抱在一起，一切误会都烟消云散。妈妈站在一旁欣慰地笑了……

当孩子和别人闹了矛盾，回到家里闷闷不乐，或者满肚委屈地向父母倾诉自己和朋友闹矛盾的事情，父母在此刻，首先要做的事情就是给予孩子充分的支持，对孩子说一句：“和朋友闹矛盾一定很难受吧？有什么办法让你心里舒服一些呢？”来表示了解和接纳他的感受，这样可以暂时缓解孩子心中的郁结。如何处理这些矛盾呢？

做家长的首先要冷静，搞好调查研究。

对于孩子在学校里和其他孩子产生的纠纷，家长首先要冷静，先问问自己孩子发生了什么事情，事情的经过怎么样，结果如何。然后再问问班级中知道这件事情的其他孩子，看是不是和自己孩子说的一样，然后再给孩子出主意，想办法，找对策。这其中的方寸家长要掌握好，如果是自己孩子错了，那就明确指出来，让孩子知道自己错在哪里，培养孩子的是非观念。如若是别的孩子错了，家长也应该本着善良诚恳的态度，教孩子学会原谅他人。

当家长看到自己孩子受了委屈，不要舍不得。

孩子在学校与其他孩子发生矛盾或者因小事吵架，往往因自己胆小而不敢告诉老师，而是回家跟父母哭诉，希望父母能替自己伸张正义，讨回公道。这时候的父母一定要冷静，仔细听孩子述说。不要看见孩子哭就心里不好受，也不要用成人的斤斤计较，去度量孩子们之间的矛盾。应该让孩子受点挫折，受点委屈，受点挑战是必要的，只要在合适的度内，完全可以让孩子自然成长。

不要因为孩子与别的孩子发生矛盾，就限制孩子的交往。

在学校生活，众多孩子在一起难免会有磕磕碰碰，只要较为公正地处理，孩子之间的矛盾会很快烟消云散。孩子是要长大的，是要走上社会的，它需要承担它所必须承担的责任和风险，一味躲避只会对社会形成不信任感，终究一事无成。孩子自己会处理他们之间的矛盾，家长大可不必杞人忧天，孩子有他选择朋友的权利，家长不可以用成人的狭隘眼光评判和限制。

孩子之间的矛盾或者不愉快，家长不要妄下结论。

孩子们之间的纠纷没有利益冲突，更没有不可化解的仇恨。他们之间只是一些听上去像小孩子们玩的过家家游戏，有时候连他们自己都说不清楚孰是孰非。遇到这样的情况，家长最好不要无端地评价孩子们之间的矛盾，更不要当着自己孩子的面去指责别人的孩子，这样做只能加深矛盾，使自己的孩子在班级中遭到其他孩子的孤立。

家长不要轻率地替孩子处理事情。

当家长的遇到自己孩子遭受挫折和委屈时，要教会孩子与人友好相处，用丰富的知识和善良的情感吸引更多的朋友。家长的这种言传身教对孩子的影响是十分深远的，既能给予孩子心灵的安慰，又能给孩子精神上的帮助，同时也让孩子学会了人与人之间的友好相处，用自己好的品质去吸引别人、影响别人，这样做就会让身边的好朋友多起来，自己的力量自然就壮大了。

专家建议

当孩子和朋友闹矛盾或是有误会的时候，父母要要求孩子头脑冷静地分析误会产生的根源，找到症结之所在。如果责任在自己一方，不妨“有则改之”；如果不在，那也不必着急，“时间是澄清误会的明矾”。

父母要配合孩子与朋友及时消除误会，解除矛盾。其实可以采取多种方法，比如，让孩子与跟他产生误会的人平心静气地面谈，也可转托其他人作解释。若这些方法仍不能消除误会，则可请老师或让家长出面解释问题。

03 只有适合自己的，才是最美的

慧慧正在念初中二年级，是个性格活泼外向的孩子。人虽聪明，但心思却不放在学习上，学习成绩在班上属中下，喜欢交朋友，爱打扮。为此老师和父母没少批评她，但她总不以为然，讲多了，她甚至干脆对着干，令父母大伤脑筋。妈妈通过细心地观察，发现慧慧之所以老是和父母对着来，多半是源于青春期的叛逆心理，妈妈打算找个机会和孩子好好聊聊。

这天，慧慧上街买回了一件吊带的小背心，并且很兴奋地对妈妈说道："呵呵，这背心真性感，明天我就穿它去上课了。"慧慧的口气似乎是故意对妈妈"宣战"，似乎这句话的真正含义是："你一定不喜欢我穿这样的衣服去学校，可是我偏不，看你气不气。"

妈妈非但没有生气，还微笑地指着背心说道："嗯，看起来不错，对吗？”

慧慧回答道：“是呀，这样多时尚呀。”

妈妈没有立刻再对这件衣服做出评价，而是把话题一转说道：“你想听听妈妈的一句话吗？”

慧慧点点头。妈妈继续道：“美丽源于合适，一件衣服再漂亮，如果穿在不合适的人身上，就会让人感到别扭。或许你很喜欢这样的款式，不过我认为它不太适合中学生，或许你上大学时，穿起来会更有韵味的，你觉得呢？”

慧慧想了想，接受了妈妈的建议。

在这以后，妈妈和慧慧之间的交流渐渐多了起来，妈妈总是尝试着站在慧慧的立场考虑问题，后来，慧慧明白了父母的苦心，她渐渐变得懂事起来了。

进入青春期的孩子，多半会出现逆反的心理，他们喜欢按照自己的想法来办事，有些逆反心理强的孩子，甚至喜欢和父母老师“对着干”，那么我们的父母应该以怎样的方式来教育这样的孩子呢？

生活中，有的父母或老师认为自己是长辈，就应该摆出居高临下的架式，与孩子说话也常用训斥的口吻。但是，已经进入青年期的孩子不会再简单地服从和遵守命令，他们希望并且需要父母以不同于以往的、同志式、朋友式的平等态度对待他们，而不是仍然将他们只当成“乖孩子”。即使你被孩子的固执和反抗气得头昏眼花，也不能够像过去那样命令强迫他们服从，而只能以说服教育为主，晓之以理动之以情。叛逆心理强的孩子往往具有“服软不服硬”的特点，所以对他们应少发号施令，多讨论交流。父母务必记住要像对待成人一样对待孩子。

当孩子有了逆反的苗头时，要与他做一次诚恳地交谈，明确地告诉他逆反是一种消极的情绪状态，家长、老师包括同学都不喜欢，会影响他的人际交往，长期下去会变得蛮横无礼，胡作非为，不利于身心和谐正常发展。父母可以告诉孩子：对孩子的逆反，做家长的有多担心和顾虑，让他感受到他的逆反给亲人造成的感情负担。对于孩子的意见，家长要尊重，不要对孩子发号施令，以免让孩子产生抵触心理，对孩子尽量用商量的口吻：“我认为”、“我希望”，这样就可改善孩子与父母的关系，减少孩子的逆反心理。

孩子虽然表面上与父母处处作对，但内心仍渴望得到父母的关心和教育。有些孩子的逆反并不是有意气父母，与父母作对，而是在表现他们并不成熟的自我，在独立意识的驱使下，故意和父母作对。因此，家庭里要有意地营造一种和平、民主、平等的家庭气氛，及时进行心灵上的沟通，做孩子的知心朋友，用爱心感化孩子。节假日时，带孩子去参加一些有益的社会活动，用丰富的生活来扩大他的视野，锻炼、培养他开朗大方的性格。孩子感受到家庭的温暖及亲人的和蔼可亲，于是有不顺心的事情时也愿意向父母倾诉，对父母的教育也乐于接受。

专家建议

要记住孩子有发表自己意见和观点的权利。当孩子对家庭事物或社会问题发表高见时，有的观点也许令人觉得匪夷所思，但却不能像过去那样说：“你根本不懂，这是大人的事，小孩子别管”，而应当通过讨论交流进一步了解，一些“重大决策”，如家庭中贵重物品的添置，居室的装修摆设等，都应当让他们知道，听取他们的意见，并且尽可能加以采纳。

应使孩子知道界限的原则。由于他们在许多问题上还不具备独立承担和处理问题的资格，家长在某些问题上行使“绝对权力”是合理的。应当让孩子知道这些不可逾越的界限在哪里，不可违反的原则是什么。但是，界限不能太多，如果界限和原则过多，它们就将形同虚设，遭到或明或暗的坚决反抗。

04 跌倒了，就要爬起来

东东有个小毛病，就是只要稍微一着急，说话就有点结巴。最近他刚刚升上初中，和同学们还不熟悉，所以，这天就发生了一件让东东不愉快的事情。

上数学课时，老师出了一道很难的题目，老师点了很多同学回答，可他们都没有答上来。老师叫到了东东，这道题正好是他原先做过的题目，他心里可激动了，还在暗自得意呢。可当他开口说话时，却不知怎的，有点结巴了，嗑嗑巴巴地总算把问题回答完毕了。当他坐下来的时候，发现有几个同学正在低声地笑着说："呵呵，想不到他说话还结巴呢……"东东听到这样的嘲笑后，心情低落到了极点。

东东回到家后，眼睛红红的，妈妈有点奇怪了，便询问道："发生什么事了？"

东东略带哭音地说："今天有几个同学，说我是结巴，呜呜……"

妈妈赶忙搂着孩子安慰道："你认为自己是否如别人所说的呢？至少妈妈觉得你不是这样的。"

妈妈接着说道："结巴只是一个小障碍，妈妈相信你一定能战胜它的。所以，你要加油，知道吗？千万不要被身上的小障碍打败。"

东东听罢，擦干了眼泪，破涕为笑了……

当孩子向父母哭诉自己在学校里面被人取笑时，父母不要过于紧张或是生气。正确的做法是慢慢引导孩子反思被取笑的原因，问他："你认为自己是否如别人所说的呢？"如果同学取笑孩子的原因属实的话，例如：取笑孩子某种坏习惯或者某个缺点，父母就要向孩子表明自己很体谅他的心情，会全力支持他，鼓励他。

父母要教会孩子正视自己的弱点和缺陷。等到孩子心情转佳的时候，可帮助孩子找到改正的办法，例如：“同学们笑你说话结巴，那么我们尝试寻找一些改善的办法吧，每当你要表达自己的意思时，不要激动和紧张，慢慢把话说清楚。”帮助孩子找出解决的办法，才可以让孩子真正走出被别人取笑的阴影。即使有些缺陷不可扭转，父母也要鼓励孩子承认不可扭转的事实，用坚强和幽默面对生活。

专家建议

父母要让孩子知道：嘲笑分两种，一种是善意的，一种是恶意的。对待善意的嘲笑可以一笑而过，不要计较。对待恶意的嘲笑要灵活对待：要看嘲笑你的人是本着什么意图，如果是有口无心，可以少加反驳，不要激动；如果是有意攻击自己，这时应首先想想自己哪些地方得罪了对方再解决也不迟。

05 学会管理财务，你又进步了

过年的时候，孩子们最高兴的事情之一就是收到许多的压岁钱。兜里面装着各种各样的红包，心里甭提多开心了。

倪琼也是这样的。这不，今年倪琼的压岁钱也是“大丰收”，笑得她合不拢嘴。往年的压岁钱都是全部“上交”妈妈，现在自己已经是初中生了，是不是应该自己保管并支配了呢？倪琼决定和妈妈好好“协商”这件事。

倪琼问妈妈：“我现在已经14岁了，我可以自己保管压岁钱吗？”

妈妈笑道：“嗯，可以的。不过，你打算怎么支配这笔钱呢？”

倪琼从未想过这件事，便摇摇头。

妈妈见她摇头，便拉她坐到自己身边，然后对她说：“有钱固然是一件好事，但更重要的是知道怎样花钱。钱一定要花在有用的地方上才会产生价值，否则就是挥霍浪费。

倪琼想了想回答：“我把四分之三的钱存起来，剩下的钱买些书。这样可以吗？”

妈妈欣慰地回答：“听起来真不错，就按照你的计划实行吧。以后你的压岁钱都由你自行支配吧。”

倪琼高兴地高呼：“万岁！”……

当孩子要求自行支配自己的压岁钱的时候，父母应该为孩子有这样的想法而高兴，因为那是孩子长大的表现。父母应以平和的语气问孩子：“你打算怎么支配这笔钱呢？”看看孩子打算拿钱来做什么，也暗示他要想想如何使用压岁钱，不能随便花掉。

孩子提出自己保管压岁钱，可能只是对自己钱的去向感到好奇。所以，父母不妨把孩子的压岁钱存进银行，然后把存折给孩子自己保管。也可以带着孩子一起去银行办理存钱。

当孩子要求自己拿钱的时候，说明他们心中已渐渐存在金钱的观念了。此刻，父母也要注意培养孩子正确的金钱观。父母应让孩子明白钱是解决生活问题的一种媒介，它本身不能解决生活问题。钱是平常之物，没有神通广大的作用，不能解决一切问题。如钱不能换来爱，不能换来信任，不能换来尊重。有些父母常有意无意地渲染金钱的作用，如对孩子说，“亲我一下，给你一块钱”。有的甚至还宣传有钱就高贵，如对孩子说，“孩子，你看他多有钱，多让人羡慕”，结果使孩子认为只要有钱就会有高贵的社会地位，就能得到所有人的爱。这恰恰是把孩子引向对金钱的崇拜，而没有引向对自我能力、对个人的社会价值的追求。

专家建议

孩子要拿钱买东西的时候，父母可以根据具体情况帮孩子合理使用金钱，在适当的时候还可以提出意见。父母要让孩子明白，花钱是为了满足自己的生活和学习需要，是为了增进进步，而不是满足不正当的欲望。教育孩子要把钱用在有益的地方上，如买学习用品、买物品看望病中的亲人、向灾民捐款等，培养孩子正确的金钱观。

06 人的生命只有一次，不只属于你自己，要担负起责任

文丹尼的手指在一次车祸中受到了重创，而由此带来的后果便是她从此和自己心爱的钢琴告别了。医生宣布：由于手指的神经系统受到了破坏，丹尼再也不能弹钢琴了。这个消息对于丹尼而言，犹如晴天霹雳，她甚至想过宁可失去生命，也不要失去演奏钢琴的机会。她最大的梦想就是成为一名伟大的钢琴家，开一场自己的独奏音乐会，而现在一切将成为泡影了。

从医院回来后，丹尼每每看到摆在客厅里的钢琴，便会潸然泪下，情绪低落到了极点。

那天，丹尼再次伤心落泪起来，她抱着妈妈哭道："我真的不能接受自己不能弹钢琴的事实，我真想自杀算了！"

妈妈听到女儿的这句话，心中宛如刀割，但她还是冷静了下来，温和地

对丹尼说：“孩子，我们好好谈一谈吧。”

丹尼点点头。

妈妈继续以平缓的语气说道：“人的生命只有一次，而且它不止属于你一个人，知道吗？而且你只是在车祸中失去了弹钢琴的机会，除此之外，你的双手还是像常人一样的灵活呀，妈妈很了解你的心情，但是妈妈更希望你能坚强起来，你能答应妈妈吗？”

此后的日子里，丹尼在妈妈的帮助下，渐渐走出了车祸的阴影。现在的她像过去一样快乐了，因为她知道自己除了弹钢琴之外，也一样能做好任何一件事情，自信和坚强重新回到了她的身上。

当孩子说自己要结束生命时，父母切不可掉以轻心。父母首先要对孩子表示关心，然后引导他说出想自杀的原因和感受，要及时地与孩子进行

有效的沟通。在谈话中，父母便可判断孩子是随便说说的，还是有真正的动机，一定要谨慎耐心地处理。很多青少年自杀的案例显示，孩子事前都和父母提及，可惜父母以为孩子只是开玩笑，没有及时做出处理，以至于最后酿成悲剧。

现在的生活水平日益提高，可孩子们的身心健康水平越来越差。不久之前，广州市家庭教育指导中心举办了首场讲座。专家表示，自杀已成为未成年人的第一死因，近两年青少年自杀有明显的低龄化趋势。青少年的自杀行为，往往是在情绪激动的情况下偶发的，在遇到突发困难时毫无应急能力，第一个念头就是用自杀来逃避现实。还有一些未成年人有盲从心理，看到电视连续剧里有些角色可以死而复生，也模仿寻死……因此，父母有必要对青少年加强挫折教育，让孩子正确认知“生老病死”，以促进青少年的心理健康，及早扼杀其自杀念头。

最后，父母在打消了孩子自杀的念头后，还要在平时仔细观察孩子的情绪变化。如果有需要，家长要尽可能地向孩子的老师询问孩子在校的情况，与老师一起帮助孩子度过难关。

专家建议

当孩子向父母提出自己想要自杀的念头时，无论怎样，父母都要认真看待孩子的情绪。如果最后因为自己没有顾及孩子的情绪和感受，轻视他的寻死决心而失去了孩子，伤心也是徒然的。

家长是孩子的第一任老师，家长过度娇惯、保护孩子，是造成孩子任性、自私、依赖性的主要根源。家庭对孩子的溺爱，使孩子们情感很脆弱，自身承受能力太差，很难接受压力。这种孩子特别容易导致两极分化，要么过度以自我为中心，要么过度自卑，在生活中遇到一点现实打击，都会以自杀、自残、报复等过激行为进行自我否定。

07 人要有主见，不盲从

“万岁，终于考完试了，终于毕业了！”百合和几个好朋友大声地呼喊着。她们顺利地结束了中考，大家甭提多高兴呢！

女孩们唧唧喳喳地商量着在暑假里要做的事情。有的说要好好地睡上一觉，有的提议要重新改变一下自己的形象。说到这里，其中一个女孩兴奋地说道：“我们去染发，怎么样？这个暑假起码放两个月，高中开学时，我们再把头发染回来就行了！”她的建议得到了大家的一致赞成。百合没有说话，她觉得染发好像不太适合自己。不过，看到朋友们都赞成去染发，自己自然也不能成为其中的异类了。

回到家，百合思前想后，认为应该问问妈妈的意见，她对妈妈说道：“几个朋友提议在暑假里把头发染成黄色，开学时再把头发染黑。你觉得这样可以吗？”妈妈听罢，微笑地说道：“染发，是你自己喜欢的吗？还是怕失去朋友，因为觉得大家都去染发自己要是不去便不好？”

百合答道：“其实，我也不太想去染发的，只是大伙都说要去，我怕不去不好。”

妈妈温和地说：“那就相信自己的感觉吧。人要有主见，不盲从。即使是朋友的意见，如果自己觉得不好，也不要盲从跟从。”

百合点点头，此刻她的心中已经有了明确的想法：不去染发。

当父母听到孩子要去染发或是要去穿耳洞等有点“另类”的想法时，或许会感到很震惊。父母要对此表示理解，要知道人人都爱美，而且孩子在成长的过程中，十分看重得到朋友的接纳和认同，再加上孩子已经步入了开始注重仪容的年龄，便更容易受到朋友的影响而做出决定了。对此父母应该表示体谅，这才是正确的教育方式。不妨对孩子说：“是你自己喜欢的吗？还是为了朋友？”这句话起到引导孩子分析问题的作用，并可以帮助他了解自己真正的需要。

父母可以继续向孩子解释，每个人都有自己的个性和风格，如果为了选择迁就别人而改变自己，这样只会失去个性。父母可以协助孩子分析决定事情的好处和坏处，例如，染发可以让自己看起来更时尚，更能增强信心；但是，染发会让发质变得很差，而且并不是每个人的肤色或是脸形都适合染发的。

值得注意的是，父母在其中扮演的角色并不是帮助孩子决定最后做还是不做，而是帮助孩子肯定自我，建立自信。敢于坚持自我的孩子，才能在步入复杂的社会后不会随波逐流。

专家建议

父母要学会体谅孩子的感受，学会用正确的方法来引导孩子自己做出正确的决定来。

孩子有时候会询问父母的意见，但父母要记住了，孩子只是询问而已，所以父母不要帮助他作决定，而是要巧妙地表达自己的意见和想法，让孩子分辨该与不该，最终的决定权还是在孩子的手中。

第三章

表扬、鼓励孩子时应该说的话

01 有理想就要有奋斗，这才是走向成功的捷径

邓亚萍的父亲邓大松曾是河南省乒乓球运动员。四五岁的邓亚萍在父亲的启蒙指导下就开始站在球台旁，看别人打球。不久，邓大松就惊喜地发现女儿那股子不服输的拼劲儿，再加上跑动的灵敏性、极强的爆发力、反应迅速的特点，的确是个打球的好苗子。但是，邓大松心里也不是很有谱：女儿的个头比同龄孩子矮了一大截，将来能有发展前途吗？

可是，邓亚萍从小就有一股练球的痴迷劲头，她从小就把当上一名优秀的乒乓球运动员作为自己的理想，而且她经常表示一定要努力实现自己的理想。这些都给了父亲以很大的信心。父亲开始针对邓亚萍筹划了一个新的训练计划。在父亲的训练下，小小的邓亚萍技艺超群，小小年纪就打败了很多大人对手。不仅如此，邓亚萍打球特别投入，简直就是在玩命打球。她一

直在坚持自己的理想：我一定要把球打好，一定要成为一个优秀的乒乓球运动员。

4年过去了，为了更进一步挖掘邓亚萍的打球潜力，邓大松亲自把女儿送进了省集训队。邓亚萍没有辜负爸爸的希望，在几个月的集训中，她所向披靡。和她打球的高她半个头的队员都怕她三分。小亚萍满心喜悦地等待进省队的通知。半个月过去了，谁知，小亚萍等到的却是“个子太矮，没有发展前途”的答复。

伤心的邓亚萍放声大哭，她对爸爸说：“爸爸，就是因为我矮，就不能打乒乓球了吗？我好想当一个好的运动员……”

邓大松鼓励女儿道："不要哭，爸爸相信你一定能成为优秀的乒乓球选手的！将理想进行到底吧！我们一起努力！"

小亚萍听到爸爸的鼓励，止住了哭泣，从此她在心中下定了把理想进行到底的决心。小亚萍深信在自己的艰苦努力下，自己的理想一定能实现，胜利一定会属于自己。

世界上任何东西都不可能单独决定孩子日后能否成为一个成功的人。才华不能。世界上才华横溢却一事无成的人比比皆是；教育不能。高学历并不是成功的绝对保证。但是，如果一个孩子有才华，有教育，又有一颗要将理想进行到底的坚定决心，那么，命运之神肯定会对他格外垂青的。

孩子或许会在实现自己理想的时候，遇到或多或少的挫折，这个时候孩子更需要父母的鼓励和信任，这样他们才不会放弃自己的理想，才能坚持到底。当孩子认为自己不行的时候，父母要想方设法让孩子找到行的感觉，帮助他们恢复信心。要时常和孩子说："不要放弃你的理想，我们一起加油！""将理想坚持到底"，等等，这样激励孩子的话语。父母的一句话会让孩子充满斗志、充满战胜困难的力量！

现实生活是孩子成长的最好的老师。想要教育孩子将理想进行到底，父母首先要做个好表率。自己定的目标要先努力的去实现，同时经常提醒孩子注意父母是怎样将自己的理想进行到底的。

专家建议

现实生活中，怎样培养孩子将理想进行到底的毅力和决心呢？

善于培养、保护孩子的兴趣。兴趣，能激发孩子参加活动的积极情绪，促使孩子在活动中表现出更大的意志努力。所以，在家庭活动中增添活动和学习内容的趣味性、生动性，让方式灵活多变，使活动过程本身就能吸引住孩子，这对孩子善始善终地做某件事能起促进作用。

帮助孩子确定具体的、可行的目标。当孩子完成一个目标后，成功的喜悦会强化孩子的进取精神，激起他确定下一个目标的热忱，从而养成不断进取的习惯。

让孩子学会自我监督。要让孩子学会自我检查，自我监督，可以从父母的检查和鼓励开始。当孩子大一点后，可以为孩子画张自我鉴定表格，让孩子对完成学习计划、良好行为习惯打分。这样，孩子学会自我评价、自我监督后，才能督促自己持之以恒地从事某种活动。

02 强大的信心，是你超越别人的法宝

田中角荣是日本前首相。他小时候生活很艰苦，但是他还是克服了艰难和困苦，最终达到自己事业的顶峰，成为日本首相。

田中角荣在两岁的时候有一次好几天都高烧不止，高烧好了后，他就留下了长期咳嗽的毛病。这以后，不停的咳嗽常常使他想说的话因为咳嗽说不完整，说不下去。这样一天天的，他就落下了口吃的毛病，老是受到同学们的嘲笑。

有一次上课时，有个同学在下面偷偷地笑，老师以为是田中角荣在笑呢，就对他说：“你不愿意听课就出去，不要在这里影响课堂秩序。”田中角荣急了，站起来说：“不——”他想说“不是我在笑”，结果一着急说不出来，说了好几个“不”字。老师生气了，说：“不什么啊？你还不服气啊？你给我出去！”

田中角荣委屈得直掉眼泪。

在回家的路上，同学们也因为这件事嘲笑他。回到家后，田中角荣气呼呼地坐着，谁都不理。妈妈一看，心想：这孩子肯定是在外面受了什么委屈了。妈妈了解了事情的经过后，出人意料地笑了：“孩子，有什么好气的，如果是我就会把这个当成对自己的触动。”“触动？”小田中角荣不懂。他妈妈说：“老师为什么不明白你说的话？同学们为什么嘲笑你？不就是因为你口吃吗？那就把这个口吃改好了给他们看，我就是能好好地说话，我不比你们差。有比别人更强得多的信心就是你胜过他们的最大的资本。所以你要靠自己纠正口吃。我知道你一定能够克服这个毛病的，妈妈相信你一定可以。”

田中角荣一下子明白了自己该怎么做。从此，他每天早上起来练唱歌，练发声，练上一个小时才休息。在课堂上，在家里，他都不停地练习朗读课文。几个月过去后，田中角荣不仅可以流利地说出自己想说的话，还大大提高了语言逻辑能力和思维表达能力，为他以后演讲能力的提高奠定了很好的基础。

有一个哲学家说过这样一句话：“人们只想到怎样保护自己的孩子，这是不够的。应该教他在成人后怎样保护自己，教他经得住命运的打击，教他不要把豪华和贫困看在眼里，教他在必要的时候，在冰岛的冰天雪地里或者马耳他岛灼热的岩石上也能够生活。”

让孩子在克服障碍中学习，这是一种非常有效的好方法。让我们来看看一个聪明的妈妈的好办法吧。

小亮是一个十分令人喜爱的好孩子。他很有礼貌，学习优异，并且画画得很棒，他的画经常摆在国内、国际的儿童画展览的展厅里，经常受到老师、邻居的表扬和同学的羡慕。因此，父母意识到：在这样的环境中，孩子很容易形成自傲的心理，出现不思进取或者受不了人生路上不可避免的挫折的打击。

为此，父母经常故意设置一些障碍，增加孩子受挫的机会。比如说，孩子画画得不错，可是钢琴弹得不好，父母就经常带孩子到同事家去，听同事家的孩子弹钢琴，并且经常当面表扬同事家的孩子弹得好。在家里则是故意减少对自己孩子的表扬次数，有时还故意找出一些问题批评孩子。

有一次，妈妈叫小亮去楼下的小店买酱油。小亮高高兴兴地就买回来了，可是妈妈对小亮说："你买的是烧菜的酱油，我要的是拌菜的酱油。"其实妈妈这时候心里有数，是自己事前没有跟孩子交待清楚。小亮辩解了几句，又去楼下换酱油了。看到孩子委屈的样子，妈妈心软了，不过她没有说什么，她想：不能心软，这样对孩子有好处！

心理学家早已证实，当孩子克服困难受到赞扬时，孩子的自信的心理品质可以得到强化，他会更加努力，向着前面的困难挑战的趋向性会更强。如果孩子屡屡受挫失败，一旦取得成绩，家长能够及时地给予表扬，孩子的自信心就会得到加强。

专家建议

启发自我锻炼。家长可以根据孩子的特点，通过看电影和阅读等方式，让孩子学习典型人物坚强意志力的培养，学习别人如何克服困难，改掉自己坏习惯和坏毛病的方法。让孩子进行自我锻炼。

从日常小事抓起。父母可以带着孩子坚持早上跑步，持之以恒，久而久之，也会逐渐培养孩子坚持不懈和不畏困难的良好品质。

03 好奇，是最好的老师，是走向成功的第一步

黎西是个活泼的孩子，他对身边所有的一切事物总是那么好奇，凡是有自己不明白的地方，一定会努力找到答案。由于他喜欢提问，同学们还给他起了一个名为“WHY”（中文意思为：为什么）的绰号呢！黎西还真是没有“辜负”这个外号，他就是有股打破砂锅问到底的劲儿。

黎西的父母很欣赏孩子这种凡事喜欢问为什么的好习惯，而且在生活中，爸爸妈妈也在努力保护和鼓励孩子的好奇心。

这天，黎西正在玩游戏，突然他对电脑内部的零件运作过程产生了浓厚兴趣，于是，他便开始“WHY”了：“爸爸，电脑里面为什么要分硬件和软件？”“硬件是如何帮助电脑运作的呢？”……

面对黎西子弹式的发问，爸爸没有表现出丝毫不耐烦的神情，他笑着说：

“对未知事物感到好奇是最好的品质。我真喜欢你爱提问题。不过，关于电脑如何运作的问题，我不是特别清楚，我有个办法，我们一起来‘解剖’电脑如何？”爸爸边说边指着一旁的旧电脑。

黎西高兴地欢呼道：“太棒了，我们一起来找答案！”

接下来，爸爸和黎西把家里淘汰下来的386型电脑进行了一次“大手术”，而黎西的诸多问题也找到了最生动、准确的答案。

父母在教育孩子时，要想方设法发掘他们的想象力和创造力，呵护孩子的好奇心。不要对孩子的问题进行敷衍甚至斥责，要换一种方式来回答孩子的问题，尽力引导孩子自己找到问题的答案。

著名教育家陶行知先生曾碰到这样一件事。一位母亲对他抱怨说，她的儿子非常淘气，把好好的一块贵重金表给拆坏了，她把儿子打了一顿。

陶行知先生当即说："可惜呀，中国的爱迪生让你给枪毙了。"陶行知先生的这番话确实道出了家庭教育中，父母怎样无意识地扼杀了孩子可贵的好奇心。

保持孩子好奇心的诀窍是大人要有童心，要换位思考。大人对孩子的好奇心不能理解，甚至不耐烦，是因为孩子问的问题，大人早就知道了，站在大人的角度，没什么新奇的。正如作家桑姆·金丽所说："我们的眼睛变得只盯着追求的目标，以至于对眼前的玫瑰花也不惊奇。"因此首先要解决的问题是尊重孩子的好奇，允许他提问。

其次，不要敷衍孩子，要给孩子好奇心的提问以满意的回答，如果不懂，就带孩子一起去找答案。另外，家长要学会说这样一句话："我真喜欢你爱提问题"，有时对孩子的提问，还可以不马上提供答案，而是进一步提出一个疑问和悬念，激起他更强的好奇心。

再次，允许孩子探索（拆东西）。家中如果有贵重东西，尽量放在孩子看不到的地方，如果他拆了，千万不要责备他，否则对孩子的好奇心是致命的打击。

专家建议

如何培养孩子的好奇心呢？下面是几点诀窍：

给孩子独立探索的空间。为孩子提供独自游戏的机会，让孩子在游戏或其他创造性的活动中发挥无拘无束的想象。

孩子提出不该问的问题不要责备。如果孩子提出了超过他的年龄的问题，父母不要责备他们。父母要明白，他们随时都可能发现新大陆。他们更需要的是，如何发挥自己的想象力，让心灵毫不拘束地奔驰。凡是最快乐、最具创造力、最有想象力的孩子，一定是来自于愿意和他们分享经验、分享想法的家庭。

04 我相信你自己会做得更好

齐小研的成绩一直在班里名列前茅，同学们经常会向她询问学习方法，可是小研的回答却让人很意外，原来她的方法就是：爸爸妈妈陪着学习，帮助辅导，学习成绩自然就好了。

小研自从上学以来，几乎每次写功课都要父母陪伴在身旁，可能大家会认为是因为小研不能严格要求自己，才会让父母在身边督促学习的。其实不然，小研平时学习很自觉，可是，她每每到了写作业的时候，总是习惯于爸爸或是妈妈在一旁守着，每次做完作业自己总是习惯让父母帮忙检查作业的完成情况。所以说，小研成绩好的原因多半得力于父母的“指导有方”。

可是，当小研升上初二年级的时候，父母的工作日渐繁忙，自然没有很多的时间辅导孩子的功课了，而且父母也希望小研能够养成独立完成作业的习惯。不过这样一来，小研没了父母的“陪伴”，作业的完成质量就变得很差了。

这天，小研放学回家看到妈妈也回来了，很是高兴，心想今晚的作业可以和妈妈一起完成了。小研对妈妈说道：“你能陪我一起做作业吗？没有你的指导，我的作业本很少见到100分的影子了。”

妈妈看着女儿烦恼的样子，说道：“孩子，其实你应该学会自己独立完成作业，我相信你可以做得很好的。今天先试试看看，好吗？”

小研听话地点点头，回到了自己的房间。过了一会儿，妈妈来到小研的书桌前，翻看着她的作业，发现出错的地方很少，妈妈拍拍小研的头，鼓励道：“作业完成得很不错。没有爸爸妈妈陪着也做得很好呀，以后要这样坚持下去，好吗？”

小研听到妈妈的表扬高兴地笑了。

现实生活中，很多孩子都习惯于父母陪着做功课，如果一旦离开了父母的监督和辅导，作业就会完成得一塌糊涂。所以，父母每当听到孩子提出是否能陪着他们做功课的要求时，都会因心软而陪他们一会儿，可是日复一日，孩子就会养成没有父母的陪同，就不能一个人完成作业的不良习惯了，此时父母再想纠正这个习惯，那就不是很容易了。

所以，遇到这样的情况时，父母必须先以言语给予孩子信心，因为孩子习惯了父母在身旁，连自己也以为没有爸爸妈妈便不行。父母还要让孩子明白，自己的功课必须要靠自己独立完成。

家长陪读，绝不是一种好的学习习惯。因为家长陪读，不仅会影响家长的工作和学习，更严重的是给孩子的成长带来不良后果。做作业是孩子自己的事情，家长的贴身相伴，只会使孩子滋生一种强烈的依赖心理，这种孩子一旦没有父母的特殊照顾，便会感到不知所措。这种依赖心理，还会造成孩子做事缺乏主见和独立性，做事效率低，今后很难适应复杂的社会生活。

父母要根据孩子情况把孩子自行做功课的时间加长。孩子做得到时，父母应该给予适当的赞美，如："你果然没有令我失望！""经过这段时间的观察，你已经完全能够独立地把作业完成得很好了，继续努力！"适当的赞美，可以增加孩子的自信心，帮助孩子建立正面的自我形象。

专家建议

家长应该怎样让孩子养成独立完成作业的好习惯呢？

要帮助孩子树立自信心。孩子做作业离不开家长，根本原因就是缺乏自信，所以，家长应经常鼓励孩子，诸如"你能行""我们相信你"等，树立其自信心，激励孩子独立完成作业。

教会孩子有计划地安排作业，养成良好的学习习惯。如告诉孩子要把作业记全，回家后先做什么作业，再做什么作业；教育孩子做作业要专心，不能边玩边做，做完作业要自己检查等。在矫正时，要注意尊重孩子，循序渐进，在进程上要有一个由扶到放的过程。

05 尝试新的方法，让学习更有效率

王莉是个漂亮、聪明的女孩，学习成绩一直优秀，所以，从小到大就是老师最喜欢的那一类学生，在新的学期里，她又一次当选了班长。王莉很感谢老师同学们的信任，心中对自己说，一定不能辜负大家的期望，不但要当好老师的小助手，还要把学习成绩始终保持在班级前列。

王莉在所有学科中，最优秀的要属英语这门功课，同学们都向她询问“学习秘笈”，她总是建议大家，学好英语这门功课，必须做到“勤读、勤听、勤背、勤写”。而最关键的就是要坚持背记每天学到的单词。王莉是这样说的，当然也是这样做的。她总会在每天抽出一小时的时间来背记单词，所以，那些对于其他同学如甲骨文一样难懂的英文字母，对于她而言就像老朋友一样熟悉。

可是，最近王莉似乎患上“健忘症”。

首先出现在每日的英语课前单词听写上，王莉居然出现了好几次不及格。看着那些鲜红的“×”，王莉留下了眼泪，这些写错的单词明明是自己每日背记好几十遍的，可一到老师听写的时候，这些往日“要好的朋友”，却突然变成了“陌生人”。难道是自己花在背单词的时间还不够多吗？结果王莉把每日背记单词的时间调整为一个半小时，但收效甚微，作业本上陆续多了好几次不及格。

这天，妈妈看到王莉拿着英语课本一个人闷闷不乐地坐在沙发上发呆，好像有什么心事，便询问道：“怎么了？学习上遇到什么困难了吗？”

王莉点点头，把自己老是记不住单词的问题和妈妈说了一遍。妈妈沉思片刻，笑笑对王莉说道：“一种方法不奏效时，再换种方法试试。我当初学习英语的时候也遇到这样的问题，别着急，我们试试其它方法来背单词吧，试试根据读音的方式来背记单词。”

在这以后，王莉按照妈妈给出的方法来背记英语单词，嘿，果然效果显著，王莉的“健忘症”全好了，英语成绩很快得到了恢复。

生活中，很多父母常常只知道责备孩子为什么老是学不好英语，老是记不住那些英语单词。当给孩子听写单词时，只要孩子写错了，便立刻会有“他一定没有好好用心背记单词”的观念。不过，家长们可曾真正地体谅孩子呢？一些成人看似简单的东西，对孩子来说未必如此。每个孩子智能发展速度不尽相同，有些还没有很好地掌握一套灵活的背记单词的方法。除此之外，孩子可能因为害怕自己写不出单词，遭到父母的责骂，就越发地记不住单词了。

在孩子出现记忆力差的表现的时候，家长应提供一些科学的方法，帮助孩子渡过难关。

使用记忆法。这是一种通过使用来增强记忆的方法。使用既是一种学习过程又是一种重复过程。例如：记英语单词仅仅用心记还不能加深印象，关键的是要使用，如果你能用它经常与人对话或给国外的朋友写信，你的单词一定记得很牢。

分类记忆法。把记忆对象按照其性质、特征、内容联系，归并分类，使它们系统化、条理化，就便于记忆。比如：记忆外语单词，把职业：教师、学生、工人、农民、科学家、艺术家；学校：小学、中学、大学；亲属：祖父、祖母、父、母、兄弟、姐妹；方向：东西南北；季节：春夏秋冬，等等，分门别类，这样就容易记住。

列表记忆法。列表便于把杂乱的记忆对象条理化，这样提取时方便，尤其是对复杂的数字、词语等。

循环记忆法。把所要记忆的材料分成若干小组，依次排列，每次一组，不断返回去复习和巩固前面的材料。这样周而复始地记忆，使记忆信号反复再现，能使人的记忆持久。

阅读记忆法。精读和泛读一些与自己关心的事物有关的文章或报刊以加强记忆。

合成记忆法。把显得零散的材料组合起来记忆。例如：单独理解记忆“弼”这个字就不如与孙悟空被封为“弼马温”联合起来理解记忆更便捷。

联合学习法。把材料通读一至数遍，再分段去熟记，最后再联合起来，称为联合学习法。

专家建议

孩子记不住单词或是一些事情时，父母切不可责骂孩子，要及时弄清楚具体原因，可能是孩子的学习方法不得当，或者是因为一些生理上的原因，找到原因并加以解决才对孩子有所帮助。

鼓励孩子积极尝试新的学习方法。当一种方法没有效果时，家长应帮助孩子寻找一个更好的方法，这样才能从根本上解决问题。

06 积极寻找失败的原因，快速走出困境

海波是学校篮球队的队长，他曾经率领球队获得了很多比赛的冠军，他们的球队可谓是战无不胜，所向披靡。同学们给海波冠以“不败将军”的美号。可是，在最近一次全区中学生篮球锦标赛中，海波的球队却意外地输给了一支实力很一般的球队。这让所有人都感到颇为意外，篮球队的所有人都很郁闷。那可想而知，作为一队之长的海波更是烦恼和不甘心了。

自从那次比赛失利之后，海波变得郁郁寡欢起来，凡事都打不起精神。爸爸注意到了他的情绪变化，暗自寻找着合适的机会。这天晚饭后，爸爸和海波聊了起来：“怎么了？你最近老是提不起精神来？”

海波答道：“唉，我们队输球了，叫我怎么高兴得起来呢？”

爸爸俏皮地眨眨眼睛道：“不会吧，你们可是战无不胜的球队呀，你一

定很泄气吧？”

海波点点头。

爸爸摸摸孩子的头，说道：“这次输球真可惜，不过，别灰心，你不妨和队友们找找失败的原因，我相信下次你会表现得更出色的。要记住，不管是怎样的失败，都是去寻找失败的原因，而不是为之苦恼。”

海波听到爸爸的鼓励后，久违的笑容回到了脸上。

当孩子告诉父母自己在学校比赛时失败了，很多父母虽然会为孩子感到难过，却往往轻视他们悲伤的情绪。家长们也许只会随便安慰一下，便开始忙碌自己的事情了。其实，孩子想要和家长表达的不仅仅是比赛输了，更是希望父母听他倾诉心中的不快。

有些父母还会这样安慰孩子：“不高兴也没有用呀，反正比赛总有输赢的。”可是，家长们却不知道越是强迫孩子快乐起来，他越是会陷入低潮中。正确的方法应该是引导孩子把悲伤、失落以语言表达出来。另外，比赛有输赢这个道理孩子自然也是知道的，这样的话就没有必要说出来，说的人太多了，孩子也许听烦了，不能给他带来任何鼓励作用。

遇到孩子为了某次比赛失败而情绪低落时，父母们不妨先放下手上的工作，和孩子好好聊聊，别忘了向孩子点头或是微笑，让他们知道你在专心聆听，让他们感觉到父母明白自己的心事，这才会把不愉快一吐为快。父母在认真倾听孩子的心声之后，要及时认同孩子的感受，可以说：“一定很难过吧，我要是比赛输了也会不高兴的。”此外，父母也要表示对孩子有信心，因为孩子这时候的自信心已降至最低点了。要鼓励孩子继续努力，下次会做得更好，要告诉孩子自己并没有因为他的失败而看轻他。

专家建议

现在的孩子在各方面因素的影响下，心理比较脆弱，他们往往不能承认别人某方面的突出表现，接受失败的结果。父母在教育孩子时，就应该时刻注意教会孩子正确面对失败。

父母要从正面积极引导孩子努力奋斗，在争取成功的同时，更要注重培养孩子面对失败的健康心理。

07 只要努力，再大的失败都可以改写

跃然是班里面的数学课代表，数学成绩总是名列班级前茅。跃然一直对自己的数学科目很自信，可是，这天的一次测验中，跃然却考了自己有史以来的最低分：70 分，看着考卷上鲜红的“×”，跃然很沮丧。

跃然拿着数学考卷灰溜溜地回到了家，妈妈看着孩子紧皱着眉头，一副心事重重的样子，便走上前去问道：“怎么了？发生什么不愉快的事情了？”

跃然从书包里面拿出考卷对妈妈说道：“数学没有考好，我居然只拿了 70 分。”

妈妈轻轻地扫了一眼卷子，语气轻快地说道：“别泄气，好好找出这次成绩不好的原因，我相信只要努力，再大的失败都可以改写。”

跃然听到妈妈的话，很意外地问道：“考不好，你怎么不批评我呢？”

妈妈笑着说：“妈妈相信你这次测验一定也是尽力去完成的，只是或许有什么题目没有答好，待会把错的题目重新做一遍。下次测验争取考好一点。我对你有信心。”

跃然感激地望着母亲笑了。

有的父母一看到孩子的成绩不好，或是考试不及格，脸马上就沉了下来：“怎么考得这么差？！真丢人！”或者：“不及格，你的书怎么读的？真是蠢死了！”

孩子没有考好，或者不及格本来就有些着急和不好意思，甚至难受。羞耻之心人皆有之。因而，这时孩子最需要的是亲人的关怀，尤其是父母的关怀。如果这时父母能更加关心他一些，帮助他找出失败的原因，鼓励他从中吸取教训，努力学习，孩子也可能会奋发努力，赶上进度。反之，如果一味指责，孩子只会更加悲观失望，甚至内心很可能会反抗：“丢人就丢人，我笨，我学不好！”进而走上撒谎、涂改成绩的道路。故事里面母亲的教育方法很对，首先她安慰孩子“别泄气”，让孩子知道父母明白他的悲伤，让孩子感受到父母并没有计较他们的分数，只想帮助他努力做好。

在孩子考试不及格、感到沮丧和悲观时，父母应该热情地鼓励他：“不要泄气，我相信只要你努力，上课认真听讲，下课做好作业，就一定能学好，一定能考出好成绩。”这样一来，孩子可能会心情开朗，一心去克服学习中的困难，走出低谷。

专家建议

在孩子对学习认识不足、不好好读书、考试不及格，或者受到挫折与失败时，父母应该按捺住自己心中的怨气和不满，努力发现孩子的优点，肯定他过去的努力或成绩，鼓励他，帮助他克服弱点，战胜困难。不要泼冷水，数落孩子的缺点或过失，要帮助孩子从沮丧、悲观中走出来。

当然，对孩子也不能片面的赞许和过分地表扬，或者只因为孩子喜欢听表扬就一味迁就而表扬，包容孩子的缺点，容忍孩子的坏毛病。那样也会把孩子惯坏，使孩子听不得批评，经不起失败。

08 坦诚地说出自己的苦恼，父母才能帮助你

这天，阿仁躺在床上辗转反侧，怎么也睡不着。原来明天就是召开家长会的日子，这可是所有学生最害怕的事情呀，你说这觉能睡得着吗？阿仁似乎已经料想到了明天的情形，老师一定会把自己在学校的所有情况和妈妈一一“禀报”；还有自己的学习成绩虽说没有多大的退步，可是也没有多大的进步，老师该不会把这种情况也当成一种不好的行为向老妈打“小报告”吧？阿仁就这样躺在床上胡思乱想起来，越想越担心，越想越害怕。他仿佛已经看到妈妈气愤地指着自己的鼻子责备道：“为什么不努力学习，让我在家长会上丢脸！”唉，可怕的家长会。

此时，妈妈正好经过阿仁的门前，看到孩子房里的灯还亮着，便敲门道：“阿仁，还没睡吗？我可以进来吗？”“请进。”

妈妈推门而入，她看到孩子一脸疲惫的样子，心中猜出了几分，便问道："你在担心明天家长会的情况吗？"

阿仁点点头，有气无力地说："对呀，所有的学生都不喜欢家长会的。"

妈妈摸摸阿仁的头，微笑着说："呵呵，别胡思乱想了，你的努力我一直看在眼里，所以，家长会只是让父母更加了解你们在学校里面的状况罢了，不管怎样，我知道你在努力学习了。"

听了妈妈的话，阿仁长长地舒了一口气，这个觉总算睡得踏实了。

从一项调查结果看，至少有 70% 的学生在开家长会前提心吊胆，剩下的 30% 是那些被公认的好学生。造成这种结果的原因有两个方面，一是长期以来，家长会的主要内容是老师向家长揭孩子的短儿，甚至有些家长会遭到老师的严厉批评，以至于家长都不愿意开家长会，怕丢面子，而学生也有“天不怕，地不怕，就怕老师找爸爸”的想法。二是，即使老师在家长会上以表扬学生为主，但多数家长回家后只表扬孩子几句，剩下的又是一通批评。就像故事里面阿仁所说的“所有学生都不喜欢家长会”。

孩子在家长会召开前，总是会为自己的成绩、为老师和父母的对话感到紧张和不安，这也是常有的事情。其实，归根到底，那是因为孩子害怕自己在父母心目中的形象受到影响。孩子会担心因为成绩或行为上做得不够好而受到父母的责骂。

所以，面对孩子担心家长会的情况，家长应该安慰孩子，让他们知道，对父母而言，不管家长会的结果怎样，只要尽力了、努力了就好。父母也要让孩子感到他们一直在留意、关心他，因此，老师说什么也不用担心。因为老师跟父母的对话，只是希望孩子的学校生活更愉快，学习有进步。

专家建议

父母在去参加孩子的家长会前，不要给孩子施加过多的压力，特别不要先询问孩子的考试成绩怎样，或是到底有多少门不及格之类的问题。这会让孩子对家长会感到更加紧张，产生更多的不安情绪。

每个家长都要重视家长会。如果家长不重视家长会，不能达到与老师沟通的效果，找不出孩子的问题，就不会有解决问题的方法，那么孩子学习不好，家长就不应该指责孩子和老师，其中的责任要由家长来承担。

09 只要你肯努力，大家都会欣赏你

这天放学前，老师宣布了一个令茜茜感到沮丧的消息：“全班排名在30名以后的同学，从今天起，都要在放学后留下来补习30分钟的课。”唉，茜茜正好排在全班第32名，显然也需要每天多留30分钟在学校补课了，真让人觉得丢脸，茜茜是这样想的。看着其他同学都能按时回家，而自己和少部分同学只能坚持下来“把板凳坐穿”，茜茜心里十分难受。

好不容易补习结束了，茜茜满脸不愉快的回到了家中，妈妈看到没有按时回家的女儿，关心地询问道：“今天有什么事情吗？怎么这么晚才回家呢？”

听到妈妈这样的问话，茜茜满肚子的委屈总算得以抒发了，她哭着说：“我留在学校补课了，老师说排名靠后的人以后都要留下来补课。我觉得好丢脸，为什么就是我要留下来呢？”

妈妈知道了事情的原委，安慰道：“原来是补课呀，这没有什么丢脸的呀。妈妈相信，只要你肯努力，没有人会看轻你。”

茜茜抬起泪眼，问道：“真的吗？”

妈妈笑着说：“当然了，只要你努力了，没有谁会轻视你。再说，老师给你们补课也是希望你们能够赶上来呀。加油！”

茜茜总算破涕为笑了。

有些学校为了帮助学习成绩较差的学生，追上其他同学的水平，会为他们开办补习班。成绩较差的同学放学后要留在学校做功课、听老师额外的辅导。学校的动机其实是好的。可是，有些孩子会因为自己要上辅导班，而不能立刻回家而感到不习惯，看到别的同学高高兴兴地下课，自己却要到代表着“差生”的补习班，自然心中会感到失落和自卑。他们会害怕被同学取笑、害怕父母责骂，会被别人看不起。

这些孩子的心态值得家长们密切注意。当遇到这样情况时，家长们应该和孩子进行良好的沟通，告诉他们不要太在意别人的眼光，“只要你肯努力，没有谁会轻视你”。父母要向孩子解释学校开办补习班的主要目的，向孩子说明老师这样做是关心他们、想帮助他们赶上其他的同学，并非想集合成绩不好的学生或是歧视他们。这样一来，孩子会感受到父母的谅解和支持，也会加倍努力地去面对现实。孩子只有真正理解了去补习班的意义，才会自觉地去努力学习。

专家建议

当孩子不愿意去补习班补课的时候，父母要了解孩子抵制补习的原因，是否是因为害怕会被别人瞧不起等原因，要努力去化解孩子的这种自卑心态。

家长要和老师进行良好的沟通，把孩子不想去补习班的原因告知老师，让老师及时和孩子解释学校开办补习班的真正目的，及时化解孩子心中的不安与不快，这样他们才能真正全心投入学习中。

10 以一颗平常心对待考试

再过几天，期末考试就要开始了，尽管李嘉铭已经做好了充分的考前准备，可是，不知怎的，心里面还是有点忐忑不安，总是担心还有什么地方没有复习到位。这次期考对嘉铭而言是非常重要的，因为，学校会以这次考试的成绩作为分班的基本依据，爸爸妈妈也对嘉铭寄予了很大的期望。所以，嘉铭对自己说，无论如何要考出最好的水平来。

不过，越是紧张，越是看不进书，嘉铭手里面虽然捧着课本，可心总是惦念着考试，想着期考要是考砸了，应该怎么办。

妈妈经过嘉铭的房间，看到女儿心神不宁的样子，便叫道：“嘉铭，嘉铭……”

嘉铭似乎没有听到母亲的叫声，妈妈走过去拍了拍嘉铭的肩膀，关心地问道："在想什么呢？"

嘉铭这才回过神来，说道："妈妈，你在叫我吗？"

妈妈微笑着说："呵呵，是在担心即将开始的期末考试吧？"

嘉铭点点头，说道："是呀，真害怕会考不好。"

妈妈握着女儿的手，鼓励道："这没什么可害怕的，只要把期考当成一次普通的测验就可以了。以一颗平常心对待考试。只要尽自己最大的努力就行了，考不好，我也不会怪你的。我相信你能发挥自己正常的水平。嗯？"

嘉铭感激地望着妈妈，笑了。

现实生活中，成年人和孩子都要承受压力。不过不同的是，成年人的压力大多来自自己的要求，而孩子的压力却多来自父母。尤其是当孩子面临考试，更会感到压力重重，他们担心要是自己考不好的话，会让父母很失望。有些父母平时对孩子的学习表现得过分紧张，而这种紧张的情绪会不知不觉地传染给孩子。孩子害怕考不好，会被父母责骂，所以，压力也就越大，甚至有时还超出了自己的承受范围变得有些不知所措了。

家庭环境对孩子的精神状态影响极大。有的家长，在孩子考前有意或无意地制造出"一级战争"状态的气氛，为孩子督战助阵，以示关爱。其实，这样做反而给孩子造成一种压抑、烦闷的心态，影响复习和考试。考试前夕，家长要注意"减压"而不是"加压"，告诉孩子下功夫复习就行了，不要累坏身体。可适当抽些时间让孩子看看电视或听一段轻音乐，听（唱）一首自己喜欢的歌，和孩子聊聊天，说说笑话，或陪他们散散步等，帮助调节身心，保持心情舒畅，提高考试效率。

专家建议

考试前夕，孩子的身体在大脑的指挥下，神经内分泌系统处于功能上的亢奋状态，医学上称之为“应急状态”，加上用脑过度，孩子很容易出现吃饭不香、觉睡不好、丢三落四、缺少信心等现象，如调整不好，还会出现失眠、神经衰弱的症状。因此，在考前一段时间，家长应尽量关心孩子饮食起居的每一个细节。

家长要鼓励孩子建立信心。让孩子心情保持平静，以平常心应试，才能从容不迫。

11 你真棒！你能行

这天对珍珍而言是最幸福的一天，因为，她创作的手抄报在班上获得了第一名。老师还让珍珍代表全班参加学校的手抄报大赛呢。

珍珍兴高采烈地回到家，第一时间就对妈妈报喜道：“妈妈，我的手抄报比赛在班上拿了第一名。另外，我还要去学校比赛呢，我要帮我们班拿冠军！”

看到女儿如此兴奋，妈妈自然也是喜上眉梢，她顺势激励珍珍：“你真棒！我就知道你能干。只要你愿意努力，一定能拿全校第一的。妈妈相信你能行。”

珍珍听罢，高兴得手舞足蹈，一整天都很兴奋，不停地看书、写字，琢磨着如何把字写得更好，版面制作更漂亮。

从此，珍珍不仅更加认真地写作业，而且字也越写越漂亮了。后来，珍珍的“手抄报”真的获得了学校一等奖，实现了她的愿望。

一位美国著名教育家曾说过：“赞美和鼓励犹如温暖的阳光。”是啊，人们的心灵深处多么需要阳光的照耀、雨露的滋润啊。赞美和鼓励犹如温暖的阳光、甘甜的雨露，不仅能哺育他们健康茁壮成长，还能激发他们创新的灵感，提高学习兴趣、增添探索成功的原动力。而这阳光、雨露来自孩子周围各方面良好的教育，特别是家庭教育的正确有效的引导。

赞美是亲子关系的润滑剂，家庭和谐的原动力，更是孩子自我成长和自我肯定的强心剂。除了赞美好行为，更应多鼓励一个已尽心尽力却表现平庸的孩子，来表达自己对他的接纳和疼爱。请多肯定孩子的努力与进步，不论失败或成功，多鼓励他。

一个人的成功，离不开鼓励和赞美。人人都需要赞美，如同万物生长需要阳光的温暖一样。没有鼓励和赞美，孩子会在精神上有失落感。

适度地给予孩子鼓励和赞美，能使孩子获得力量和希望。

心理学家告诉我们：“抚育孩子没有其他窍门，只有赞美他们。当他们把饭吃完时，赞美他们；画了幅画后，赞美他们；当他们学会骑自行车时，也赞美他们，鼓励他们。”“哈佛女孩”刘亦婷、《赏识你的孩子》中战胜耳聋成为大学生的周婷婷等成功的例子，无不证明鼓励和赞美在培养孩子中有着巨大的作用。西方的家长从不吝啬对孩子说“你很了不起”、“你真棒”、“你能行”等赞美之语，其目的就是使孩子获得成就感，增强自信心。

专家建议

那么如何正确地赞美孩子呢？赞美孩子时掌握一定的技巧是十分重要的。

坚持原则和掌握分寸。由于溺爱，有些父母无原则地对孩子的种种行为加以赞美，造成孩子是非不清、骄横跋扈的坏习惯。孩子按大人的要求去做了并做得很好，就应该及时赞美，做了不对的事情，即使孩子哭闹，要赖皮也千万不要迁就他、说好话。否则，赞美就会失去原有的积极意义。

孩子经过努力做出了成绩，或者他做完了他理所应当做的事情，他都应该得到赞美。但在日常生活中，注意不要重复赞美某件事情，当孩子养成良好的习惯后，就可以适当减少对孩子这一方面的赞美。赞美孩子并给以适当的奖励或是亲吻或是搂抱，都会给孩子以奇妙的力量。

及时赞美和当众赞美。孩子做完某件事或正在进行中，就给以适当的赞美和鼓励，效果会很好。如果一时忘记了，应该设法补上去。孩子应当得到赞美时，应当着别人的面得到。孩子的成绩当众传播了，这就是双重的奖励。

12 相信自己，不要随便给自己扣“坏孩子”的帽子

林子寒有个外号叫“健忘专家”，因为，她老是记不住东西，有些事情刚刚在她耳边说完，可是转眼她就忘得一干二净了。特别是在学习方面，子寒更是健忘得厉害。她有时候甚至怀疑自己得了健忘症呢！

这天，数学老师刚在课堂上讲完一个应用题的解题方法，老师为了加强同学们的记忆，还特别举了好几个实例进行讲解。可是，到了写作业的时候，子寒却怎么也回忆不起老师交给的解题方法了。

回到家后，子寒心情很低落，她觉得自己要不就是脑子笨，要不就是有了健忘症。她待在屋里长吁短叹。妈妈看到孩子这般神情，便关心地问道：“怎么了？学习上有什么烦恼吗？”

子寒叹气道：“老师今天上午刚讲的应用题，现在我就记不住了。别的

同学背课文，一下子就背会了，我读了好多遍，还是记不住，丢三落四的，唉，我真是‘健忘专家’呀！”。

妈妈走到子寒身边，轻轻地拍拍孩子的肩膀鼓励道：“你记不住东西，也许是因为方法没有找对。所以，别着急，我们一起来寻找最佳的记忆方法吧。要相信自己，不要随便就给自己扣上‘健忘专家’的帽子哦！”

子寒听罢妈妈的话，低落的情绪有了好转，接着她拿出课堂笔记，认真地回忆起老师讲解的方法，妈妈也在一旁详细指导着。后来，子寒在妈妈的帮助下，渐渐学会了运用得当的记忆方法来帮助学习，“健忘专家”的帽子很快就摘掉了，学习成绩也提高了不少呢！

有些家长总是埋怨：“为什么我的孩子就是记不住东西呢？是不是记忆力有问题？”其实，父母要首先明确孩子记不住东西，并非他的记忆力比常人差，而很有可能是孩子运用的记忆方法不得当。

所以，当你的孩子为自己的记忆力烦恼时，家长首要的任务便是给孩子提供一个宽松的记忆氛围。人脑研究揭示：人的记忆有着挖掘不尽的潜力，记不记得，就在于有无发挥的机会与信心。因此，当孩子一时记忆不好时，家长不要一味责怪孩子“笨”，这样会使孩子产生自卑心理，觉得自己真的很“笨”，也就失去了记的兴趣。家长要为孩子创设一个和谐的、进取的、有激励性的记忆氛围，任何时候都对孩子充满信心，以成功、赞赏的态度感染他，使他感到能记、爱记。

父母要教孩子学会培养良好的记忆情绪。心理学研究表明：在记忆时，以保持中等强度的焦虑为好，过高或过低的情绪都会影响记忆的效果。所以，当孩子进行记忆活动时，先要求他调整好自己的情绪，如深呼吸、回忆“辉煌成就”、想高兴的事等，以愉快的心态去记，避免在紧张、担忧、恐惧、焦虑的情绪中记忆。

此外，最重要的便是帮助孩子找到适合自己的记忆方法，下面给家长们提供一些有用的记忆方法：

理解记忆。在理解的基础上进行记忆，要比死记硬背的效果好得多。理解了再记，意味着把新的知识经验纳入已有的知识经验的系统中，即把新旧知识联系成一个新系统，从而能触类旁通，经久不忘。所以在记忆时，尽量先理解其本质内涵再记，必能易记、久记。

重复记忆。“重复是记忆之母”，经常复习能强化记忆。重复不是简单、机械的反复，而应该采取多样复习方式，动员多种感官参与，尽量避免产生消极情绪和疲劳，激起脑神经活动的积极性。如语文学习中几十遍的抄写、抄词，不如用默写、填词、分析、造句等多种方式来重复。人的遗忘规律是先快后慢，当天学习当天复习，即使使用几分钟也好，有“事半功倍”的效果，所以记忆要及时复习，多次反复。

联系记忆。记忆时，将内容整理成可联系的东西，可增强记忆。应注意记忆时将视、听、读、写等联系起来，研究表明：只听能记 15%，只看能记 25%，既听且看，则能记 65%；应加强左右脑的联系，即交替用左右脑，因为左右脑大致分管文理科学习，交替用可减少用脑疲劳，增强记忆效果。

应在平时多总结和运用多种多样的联系和关系，形成多种联想，提高记忆效果。如记忆词汇时，把同义词与反义词、褒义词与贬义词结合起来对比识记，效果更好。

另外还有歌诀法、谐音法等很多的记忆方法，可鼓励、引导孩子在记忆时用心发现并加以运用，找到适用他自己的记忆方法。

专家建议

家长要注意加强孩子的身体锻炼，这也是增强其记忆力的好方法。记忆作为一种紧张的脑力劳动，需要健康的身体作基础。作为家长，一方面要督促孩子加强体育锻炼。另一方面家长要注意一些记忆卫生问题，如让孩子多吃一些鱼、瘦肉等富含蛋白质和蛋黄等富含乙酰胆碱的食物；在空气流通处记忆，以使大脑得到充分氧气；减少孩子与烟酒的接触；科学休息，减少记忆疲劳等。

第四章

当发现孩子有不良习惯时，应该说的话

01 要锻炼自己的独立性

著名的潜能激励专家魏特利在少年时发生过这样一件事情：魏特利的父亲在二战的时候身在国外，当他九岁的时候，在圣地亚哥他家附近，有一个陆军防空炮兵团，驻扎在那里的士兵和他成了好朋友。有一天一个士兵朋友说："星期天早上五点，我带你到船上钓鱼。"魏特利兴奋不已："哇哈，我太想去了。我甚至没有靠近过一艘船，我总是在桥上，防波堤上，或在岩石上垂钓。眼看着一艘艘船开往海中，真令人羡慕，我总是梦想有一天能在船上钓鱼。太感谢你了，我要告诉妈妈，下周六请你过来吃晚饭。"

周六晚上魏特利兴奋地和衣上床，为了确保不迟到，脚上甚至还穿着网球鞋。男孩在床上无法入睡，幻想着海中的鱼在天花板上游来游去。天才蒙蒙亮，他就爬出卧室窗口，备好鱼具箱。6点整，他就怀着满腔的热情坐在屋门口等着那些士兵朋友的出现。但是朋友却失约了。

此刻，魏特利的失望可想而知，他垂头丧气地回到屋里，妈妈看到了孩子这副模样，便询问起来："怎么了？不是要去钓鱼的吗？"

魏特利懊恼地说："朋友们爽约了，让我白等一场。"

妈妈听完孩子的话，拉着他的手说："不要为朋友的爽约烦恼了，说不定他有什么急事，所以来不了。既然这样，你不妨自己去，就当给自己一次独立处世的机会，怎么样？"

魏特利听完妈妈的建议，顿时豁然开朗起来，兴奋地对妈妈说："谢谢你，妈妈，这真是一个好主意，我一定要钓到很多的鱼！"

妈妈回答："加油，我可等着你的鱼做晚饭！"

于是，魏特利蹦蹦跳跳地出门钓鱼了，那天晚上全家人真的吃到了男孩亲手钓到的鱼！

后来，魏特利回忆那天的光景时，说那是他一生中最美妙的日子之一，是生命中的一大高潮。虽然士兵失约了，可是母亲的一番话教育了他，让他明白凡事要自己去做。

魏特利的母亲用一句简单的话语给孩子原来失望的心里亮起了一盏希望的明灯，她让孩子学会了体谅别人，学会了凡事都要自己去做，要锻炼自己的独立性。

责任感和独立性是成功的人特有的品质。综观许多成功人士的例子，会发现一个共同的特点，他们事无巨细都承担起相应的责任，十分有主见。成功的交往不是漫无目的地表达自我和与他人沟通。而相反，是围绕主题进行深刻地解析和探讨。强调的是对问题的解决，强调的是表达与沟通时的责任感与主见。

责任感与独立性是孩子在将来的岁月里迈向成功的一个核心要素，而这恰恰是现代社会很多孩子所缺乏的。我们来看下面几个镜头就知道了。

镜头一：“妈，把我明天要穿的衣服给我拿出来，这套衣服赶紧给我洗了，后天上体育课要穿的。”这是已经上初中一年级的女儿临睡前对妈妈说的话；

镜头二：放学了，教室里需要值日生打扫卫生，看看这个值日生干得还挺卖劲。可是不对，怎么看着不像个学生呀，而且班上的学生小红还在“值日生”后面站着。原来，小红的爸爸在替小红做值日。

镜头三：几个小朋友在一起商量要怎么玩游戏，几个人你一句我一句商量得热火朝天，只有小刚一句也插不上话。他只是闭着嘴巴，看伙伴讨论，然后看小伙伴们怎么玩，他也就跟着玩起来了。

这些都是我们的孩子在日常生活中的真实写照。家长们看过之后，会有什么样的感受呢？

责任感与独立性是现代人的立身之本，是孩子成功地表达与沟通的关键性一环。培养孩子责任感与独立性的方法各有不同，但是，或许就是因为你的一句鼓励的话语，会让孩子明白自己并不是非得依靠别人才能把事情办好，自己也可以独立完成事情的。

专家建议

让孩子走向社会。孩子真正的责任感和独立性应该在社会锻炼，所以父母应该鼓励孩子交朋友，鼓励孩子多参与各种实践活动。

对孩子进行一定的思维训练。要经常鼓励孩子争辩。在孩子和伙伴们争辩的时候，父母尽量不要阻拦，注意孩子是怎样争辩的。允许孩子和父母争辩，不要动不动就举起权威的大棒。

父母可以故意说错话，让孩子发现问题，解决问题。还有，家长们不要对孩子的问题有问必有答，有要求就有反应。孩子询问一些问题，提出一些要求时，父母可以让孩子先想一想，先自己做一做。父母可以对孩子做一些提示性的工作，而绝不是代劳，否则只能是失去了孩子独立思考、独立行动的机会，不利于对孩子责任感和独立性的培养。

02 有想法是好事情，让我来听听吧

青青平时很听爸爸妈妈的话，只要是父母要求她去办的事情，她都会老老实实地去完成，妈妈对此感到颇为安慰，经常对别人夸赞青青的懂事和乖巧。

不过，这段时间青青却变得有点叛逆了，到底是为什么呢？话还要从学英语开始说起：原来，妈妈觉得青青刚升入初中，打好英语基础是至关重要的，所以，妈妈就帮青青报了一个英语补习班，上课的时间定在每周的周六、周日。妈妈认为青青一定也想把英语学好，所以，事先也没和女儿商量一下。

这天，青青回到家中，妈妈对她说："我给你报了英语补习班，周末两天都要去上课了。"

青青听了，有点不高兴地说："怎么事先没有和我商量一下呢？我不去！"

妈妈听到女儿的争辩，倒是有点惊讶了，在她的印象中青青可是一个绝对听话的好孩子。妈妈询问道："没有事先和你商量是我疏忽了，英语补习班对你的英语学习很有帮助，要是你有不同的想法，可以和妈妈聊聊吗？让我听听你的想法吧。"

青青这时才缓缓地开口："妈妈，你忘了吗？我每周六还要去学画画，我是多么喜欢画画呀，再说，凡事不能半途而废，不是吗？"

妈妈这才记起女儿学画的事情："哦，抱歉，妈妈忘记了，那么，我们好好商量一个既能学画，又不耽误学英语的方法，好吗？"

青青感激地望着妈妈，说道："谢谢妈妈，谢谢你的理解……"

生活中，家长们常常会自作主张地帮孩子们决定一些事情，而自己往往会以为这些事情也是孩子喜欢的、想要的。殊不知，孩子们有时候会有自己的想法，当孩子不接受家长的安排时，父母们不妨认真地询问并倾听孩子的理由，找个机会了解他们的真实想法。

积极地倾听不仅是父母与孩子对话、教育孩子的有效途径，它本身也是一种教育。受父母的言谈举止的影响，孩子对他所处的环境也能以主动和自信的姿态出现，能够从容和理智地去处理和解决问题。

作为父母不仅要做到能够倾听孩子的心声，更要引导孩子去主动地倾听他人的故事，在交往之中尊重他人。如果孩子感到我们从来就不倾听他们的诉说，孩子心里会怎么想？当他们说“我不困”，你偏说“上床睡觉”的时候；当他们说“去公园玩”，你偏说“别来烦我”的时候；当他们说“我不饿”，你偏说“把它吃了”的时候，你给孩子传达的又是一种什么样的信息呢？只有父母在倾听他们的故事、他们的想法的时候，他们才会感觉到父母对他们的尊重，而在同时，父母也是在培养他们的实践能力和交际能力。

许多时候，孩子并不需要父母的指导和教训，他们需要的是有人倾听他们的诉说，有人理解他们的感受，所以，最好的沟通就是倾听。

专家建议

家长们应该怎样倾听孩子说话呢？

第一步，停下来。当我们做一件事情之前是否先得把其他的事情停下来？你不可能一边演算习题，一边看电视，也不可能在与人聊天的同时写一份文件。听孩子说话也是同样的道理，最好停下手头会分散你注意力的事情，全神贯注听孩子说话，这本身就是尊重孩子的态度，同时也能为父母与孩子的沟通准备一个良好的环境。此外，要把心里上的种种成见、偏见抛开。有些父母认为：孩子说功课难，肯定是他不用心；抱怨老师一定是犯了错……用成人的想法去评判孩子是一件愚蠢的事。

第二步，自己来。有些时候为了解决问题，或者为了让孩子总结经验教训，最好的办法是让孩子自己进行分析和判断，而父母依然做一个倾听者，并对孩子的分析和判断作简单的引导。父母说得再多，孩子未必听得进去；而经过他自己思考得出的结论，则会成为他自己的经验，父母可以试试下面的办法：

直接询问孩子，父母应该在接纳和认同孩子的情感的基础上心平气和地询问。

让孩子站在别人的立场上思考：如“某老师没了解全部事实就训斥你，这的确是他不对，但老师可能对你期望很高，看到你的毛病就急了。你说呢？”

03 取人之长，补己之短，每个人都有值得你学习的地方

小刚是个品学兼优的孩子，是老师眼中的“尖子生”，他几乎是在众人的表扬声中长大的，这样的成长环境不免让孩子养成了高傲的性格。拿同学们的话来说：“小刚连走路都是高仰着头的，特别傲气的一个人，他只会和学习成绩优秀的人来往，那些差生是绝对不能成为他的朋友的！”是呀，正如同学们所说，小刚的朋友只会是那些和他一样的“尖子生”。这样一来，小刚在学校里面给人的印象就是“自命清高”。

小刚的爸爸也发现了孩子的这个毛病，他一直想找个机会好好和孩子聊聊，这天，他终于找到合适的话题了。

爸爸的一位高中同学从外地来看望小刚全家，这位同学和小刚很投缘，孩子很喜欢这个远道而来的叔叔。那天，全家把那位叔叔送走之后，爸爸和

小刚聊了起来：

“你觉得这个叔叔怎样？”

“还用说，太棒了，他知识真丰富，几乎没有他不知道的东西！他原来在学校是不是成绩特别好呀？”

“呵呵，你说错了，恰恰相反，他的成绩是全班最差的。因为他只喜欢阅读课外书，对课本没有多大的兴趣，后来，他上了技校，终于找到了自己喜欢的课程，他的那些课外知识在技校里可是大大有用的。”

“是吗？原来叔叔也是差生呀！”

“孩子，不要把差生呀，优等生呀，挂在嘴边，你要知道，每个人都有自己的优点，所以，平时在学校中你可不要‘挑剔’朋友哦，尺有所长，寸有所短，每个人身上都有闪光点，你为何不试着和他们相处呢？”小刚听罢父亲的一番话，觉得有点不好意思了……

俗话说："尺有所长，寸有所短。"人各有各的优势，必须以积极、平等的心态对待每一个人，把每一个人都当作重要的人物来看待。对孩子而言，就是要让孩子积极发现每个人的优点和长处，从而做到平等待人。每一个优秀的成功人士，也总是了解别人的长处，做到平等待人的。所以，聪明的家长要鼓励孩子们发现每个伙伴都有自己的优点，每个伙伴都是值得我们尊重的，从而引导孩子平等待人。

培养孩子与他人交往的能力对于他们今后的成长有重要作用。他们是否能够平等待人，在一定程度上决定了他们在以后的交友过程中是否成功，也就决定了孩子将来能否成为一个成功的人。要让孩子认识到每个人都有他的长处，也都有他的短处，都有值得学习的地方，而不要自以为了不起，妄自尊大。

家长在帮助孩子改掉这种不良习惯的时候，要注意说话的技巧，如故事里面的父亲就使用了一个生动的例子，让孩子意识到了自己"挑剔朋友"的不对之处，这样，孩子既能很容易地接受父母的建议，也会深深地体会到平等待人的重要性。这样的教育方法是相当成功的。

专家建议

要让孩子学会平等待人，家长首先要平等对待自己的孩子，要和他们进行平等地交流。很多情况下我们与孩子的交流是不对等的，有时不经意间我们就给了他们不良的暗示：要显示自己的权威最好的办法就是让人服从，服从是值得赞许和表扬的，不服从就是不好的，就是不尊重自己。因此，孩子在以后的生活中，是很难做到平等待人的。

所以，家长们不妨经常地鼓励孩子表达自己的意见和看法，与其平等地进行交流。

父母可以定期的开一些家庭会议，让孩子也加入其中。家里有什么事情也可以和孩子讲一讲，听听他的看法或意见，鼓励他大胆的说出来，让他意识到自己在整个家庭中的地位和作用。

04 每个人都有劳动的义务，劳动让人更快乐

和所有的男孩子一样，蓬蓬的屋子也是乱得一塌糊涂，那些脏衣服呀，臭袜子呀，基本上都塞到了床底下。一般来说，多半是它们发出了能把人熏晕过去的臭味时，它们才会被蓬蓬送去清洗。

不过，最近蓬蓬的房间环境得到了很大的改善哦。难道是妈妈帮蓬蓬打扫房间了？才不是呢，妈妈从来都是主张自己的事情自己做，很显然，自己的房间也要自己扫。房间是蓬蓬自己扫的，他还说，以后也要保持屋子的整洁卫生，绝不让蟑螂成为家里的常客。蓬蓬说的这句“誓言”是“抄袭”爸爸的原话哟。

事情的经过是这样的：一天，爸爸路过蓬蓬的房间门口，闻到了一股怪异的臭味，说是臭味熏天一点也不夸张！爸爸心想，要是把蓬蓬拉出来骂一

顿，可能他多半是左耳进右耳出的。父亲突然心生一计，只见他故意扯着嗓子喊道：“蓬蓬，快，快来看！从你的房间里跑出了一只蟑螂！”

蓬蓬闻讯赶来：“在哪儿呢？我最讨厌蟑螂了！”

爸爸无可奈何地说：“它跑得太快了，唉，看来咱家会多很多这样的‘客人’的。”

蓬蓬“噗哧”一笑：“呵呵，我可不欢迎蟑螂这些‘臭客人’！”

爸爸双手一摊，说道：“所以了，为了不让蟑螂成为家里的‘客人’，我建议你最好打扫一下你的房间，并且要经常保持清洁，这样才能防止它们的‘侵入’哟！你要记住，劳动让人更快乐哟！”

蓬蓬领会了爸爸的话语，他和爸爸保证道：“我马上去打扫房间！谢谢你的提示！”说完笑眯眯地劳动去了……

劳动创造了人，劳动创造了人类文明。可是还有很多家长只重视孩子智力因素方面的培养，而忽略对孩子劳动习惯的培养教育。我们再次向爸爸妈妈们宣传劳动对孩子的重要性，这可不是老生常谈，仔细看看，说不定会有新的启发。

那么，劳动对孩子来说，到底有什么好处呢？

劳动使人快乐。孩子在劳动中不仅获得了才干，而且会意识到自己的社会价值。很多研究表明，孩子们童年时的活动与成年后的情况有着十分密切的关系，很多心理学家也同意这种看法，认为那些替孩子做一切事情的父母，实际上是在害孩子。前苏联著名教育家苏霍姆斯基认为：劳动对孩子来说是真正的欢乐，在劳动中他们可以学习一定的技能技巧，还能认识世界，了解自己。

劳动促进思维。劳动是最忠诚、最关心、最细心、最严格的保姆，力所能及的劳动能增强孩子健康的体魄，发展孩子的观察力、记忆力、注意力，促进孩子积极思维。此外，劳动还能培养孩子的义务感和责任感，防止自私自利、懒惰的恶习滋长。好吃懒做是一切恶习的温床，一个勤劳的孩子必然会具备一颗善良和博爱的心。

总之，力所能及的劳动是孩子全面发展的重要手段，是孩子的一门必修

课。那么，作为家长，怎么才能培养起孩子的劳动观念，让孩子进行自觉而愉快的劳动呢?

首先，培养孩子自己事情自己做的习惯。

其次，让孩子干点适当的家务活，如打扫卫生、洗碗碟、擦鞋子、洗菜、购买物品等，逐步让孩子养成习惯。

再次，让孩子多参加公益劳动，如让孩子清扫公共的楼梯和过道、清除花园的杂草等，使孩子懂得劳动并不一定要取得回报，劳动是与奉献紧紧相联的。

另外，把某件事长期承包给孩子干，能够培养孩子对劳动的责任感和对事物研究的愿望。如可以把洗碗、买菜或洗菜等活儿固定给孩子干，慢慢地，孩子便会习惯性地对这件事负起责任来，还会把劳动当作研究对象，去研究什么时间干才是最佳时间，怎样干才能提高效率，干得最好。

习惯成自然，当孩子习惯于劳动，从小养成热爱劳动的习惯，燃起认真劳动的渴望时，才能使孩子形成勤劳的品格。

专家建议

培养孩子爱劳动还有几个值得注意的问题：

要有现实的标准。大多数事情爸爸妈妈自己会比孩子做得更好，千万不要用自己的标准去要求孩子，因为这样只能削弱孩子的自信心。

教孩子做一件事情的最好办法是先给孩子一个好的示范或者和他一起做。

不可用物质引诱。孩子做好一件事的报酬是给予他一个微笑、一个拥抱，或者说一声“谢谢”。父母要用自己的行动让孩子产生劳动以后的成就感和满足感。

不可劳动过度。让孩子劳动是必要的，但过多的劳动、家务也会影响孩子的学习。所以，爸爸妈妈在培养孩子劳动观念的时候也要把握度的问题，只要养成了良好的劳动观念就可以了，并不是说非要做到什么样的量才算成功。

05 宽容能收获更多的幸福

这天，萧红一回到家就开始独个儿呆在沙发上生闷气，嘴里面还不停地嘀咕：“哼，我非和这样的朋友绝交不可！”

妈妈看到萧红这副模样，便走过去询问道：“怎么了？满脸的不高兴？”

萧红回答道：“说起来我就生气，我们班的那个琳琳，居然把我借给她的那盘 CD 弄坏了，那盘 CD 可是绝版的，现在有钱也买不到呀！你说气不气人？”

妈妈这才明白了女儿为何如此生气。她拉着萧红的手，慢慢地说道：“琳琳不是你最好的朋友吗？我还记得你上次文艺晚会借了她的鞋子参加表演，后来好像还把人家鞋子的鞋跟给穿断了，对吧？琳琳最后不是丝毫没有责怪你的意思吗？”

萧红被妈妈这么一问，脸突然红了起来：“对呀，琳琳对我很好的。”

妈妈接着说道：“所以了，她一定不是故意弄坏你的CD的，说不定她比你还难受呢。孩子，何不宽容一下别人的错误呢？宽容会让你变得快乐，宽容能收获更多的幸福。”

萧红点点头，心想，明天上学的时候，一定要告诉琳琳，自己不生气了……

做父母的，既可以将自己的孩子培养成胸怀广阔的人，同样也可以将孩子培养成心胸狭窄的人。但为了孩子的幸福，同样也是为了孩子的学习，为了孩子将来能有所作为，我们应当教孩子学会宽容。作为成人的我们应当从以下几方面入手对孩子进行宽容精神的教育：

（1）父母为孩子树立榜样

孩子的宽容之心最主要的来源就是父母。孩子最初是从父母那里学习待人接物的方式的。父母宽容、大度、遇事不斤斤计较，与邻里、同事之间融洽相处，孩子就会学着父母的样子处理同学之间的关系，也会变得宽容、好善、乐于与人相处。

（2）教孩子学会“心理换位”

所谓心理换位，就是指当双方产生矛盾时，能够站在对方的角度上思考问题，思考对方何以会如此行事、如此说话。如果真的能够做到这一点的话，就能够理解对方，就能够减少很多不必要的矛盾。

许多孩子只习惯于从自己的角度思考问题，而不习惯于站在别人的角度上思考问题。要消除这种现象，办法就是“心理换位”。

会下棋的人，可能都有这样的经验，刚学下棋时，往往仅考虑自己第一步怎样、第二步怎样，而不会考虑别人会怎样。只有棋下到一定水平后，才会考虑我怎样，对方会怎样应对，对于对方的应对，自己应当如何一一应对。如此考虑的回合数越多，个人的水平也会越高。处理生活中的问题也是如此，能够“心理换位”，能够站在对方的位置思考，能够设身处地地多为对方设想，生活中的许多矛盾就都容易化解了。

（3）教孩子学会理解他人，理解人人都有缺点

金无足赤，人无完人，有缺点和不足乃是人性的必然。和同学相交，和朋友相处，完全没有必要求全责备。完全可以求同存异，只要同学和朋友的缺点不是品质方面的，对于朋友的缺点和不足，对于同学心情不好时所说的话和所做的事，我们没有必要事事计较，事事都摆个公平合理。多原谅一次人，多给人一次宽容和理解，同时也就为自己多找了一份好心境，也会使自己觉得在个性完善的道路上又向前迈进了一步。

当然，宽容不是怕人，不是懦弱，不是盲从，不是人云亦云，这一点是必须向孩子讲清楚的。必须让孩子知道宽容是明辨是非之后对同学、朋友的退让，而不是对坏人坏事的妥协。对坏人和得寸进尺的人是没有必要宽容的。

（4）让孩子多与同伴交往

在孩子与同伴交往的过程中，父母要特别注意引导孩子宽容比自己强的同伴、比自己“差”的同伴和自己的竞争对手。让孩子不嫉妒比自己强的同伴，

不嘲弄比自己“差”的同伴和不故意为难自己的竞争对手。让孩子向好同伴学习，帮助“差”同伴，学会与竞争对手合作。

（5）鼓励孩子纳新和应变

宽容不仅体现在对“人”的态度上，也表现在对“物”和“事”的态度上。父母要引导孩子见识多种新生事物，让孩子喜欢并乐意接受新生事物，承受事物所发生的意想不到的变化，善知变和应变。如让孩子了解各种奇观奇迹，观察生活日新月异的变化，允许孩子独辟蹊径地解决问题。孩子一旦习惯于纳新和应变，他对世间的万事万物也就具备了宽容之心。

当然，宽容也不能丧失原则，姑息纵容，不能无限度地容忍别人，教育孩子平时要多和自己的伙伴们聊天，知道对方在想些什么，让矛盾还没有激发就消灭了。总之，宽容是交往和沟通的润滑剂，它会让你的孩子在宽松的人际环境里成长，让孩子赢得更轻松！

专家建议

要经常对孩子进行宽容教育，告诉他们，宽容不是软弱畏缩，而是一种默默的克制，是一种无声的等待，是优秀人格的表现。日常生活中难免有冲突和矛盾，你宽容了别人，别人也会宽容你，大家彼此宽容，营造出一种和谐的氛围。在这种氛围中学习，心情该是多么的舒坦，好像走在春天的阳光下。

要求孩子对别人宽容，自己也要以身作则，对孩子犯的错误也要适当地给予宽容，对待别人也要宽容，这样会给孩子做出最好的榜样。

06 学会感恩，学会说“谢谢”

一个周六的傍晚，华华的妈妈和往常一样在厨房忙碌，而华华正在电脑桌前敲打着键盘，玩着游戏。

忽然，电话铃响了。妈妈因忙着照看煤气灶上烧的菜，便叫儿子接听电话。儿子在电话机前站了大约5分钟后把电话挂了。挂完电话，他显出很不高兴的样子，嘴里嘀咕着：“以后我不接电话了，这么费劲！……”妈妈立刻猜到：准是华华奶奶的来电。

华华的爷爷奶奶在外省工作。由于路途遥远，一年中他们只回家探亲一次。因此，电话就成了他们和家人沟通联络的纽带。奶奶是一个心思细腻、对小辈呵护备至的人。每个周末，她都要和家里通一次电话。而电话多半是她先打过来——她似乎总等不及孩子们的去电。一周的时间，对于她来说，太长了。每每来电，奶奶都要嘘寒问暖，吃喝拉撒，她样样过问，事事关心。

刚才，一定是华华嫌奶奶太唠叨了。

此刻华华撅着嘴巴向书房走去。妈妈走过去拉住了他。

“刚才是谁的电话？”妈妈压住性子明知故问。

华华显出不耐烦的样子：“还会有谁？总归是奶奶的了！罗哩罗嗦，又没有什么事情！”

“奶奶在电话里和你讲什么？”妈妈再一次明知故问。

“还不是每次都一样！什么‘早饭一定要吃好！’‘晚上要早点睡觉！’什么‘在学校上课累不累？’‘放学后打球吗？’‘长胖点了吗？’……哎呀，真是烦死了，不说了！”华华越说越不耐烦，挣脱妈妈的手朝书房走去。

妈妈看到孩子的样子，觉得一定要好好教育孩子。

吃饭的时候，妈妈故意把筷子放在桌子的最边上，华华看见了，赶忙把筷子移到了桌子正中间，孩子还特别对妈妈说：“幸亏我把筷子放好了！”

妈妈却没有对华华表示感谢，而是冷冷地说：“不是没掉下来吗？我又没叫你帮忙！”

华华听了妈妈的话，觉得特别委屈：“我好心好意把筷子摆好了，你怎么说这样的话？”

妈妈觉得这是教育华华的最佳时机了，她缓缓地说道：“你看，你刚才出于好心，我本应感激你才对。可我没有，所以你很生气。那你想想，刚才，奶奶出于对你的关爱，给你打了长时间的电话，可你不但不感激，竟还嫌烦。你说，你这样对吗？孩子，要学会说‘谢谢’呀！”

华华低下了头，不吭声。过了一会儿，他抬起了头，声音很轻但很有力：“妈妈，你别说了，我懂了！”

如华华这样的例子在青少年中不在少数。现在的孩子很难体会到长辈的爱心，很多父母甚至叹息道：“现在的孩子太少感激之情，连一句谢谢都不会说。”

感激之心不是先天的，亦不是凭空而来的，它是在道德教育、环境熏陶和社会实践中逐渐形成的。我们如果在待人接物时能常怀感激之心，那么就可以建立和谐、融洽、温馨的人际关系。

这应该从小事做起。比如用餐，用餐时间是教育孩子的最重要时机，也是沟通的好时机。父母在用餐时，可以借此机会谈谈农民或厨师、服务员的辛苦，表示对他们的感谢，不要让孩子误以为他们的劳动是普通的而心安理得。在日本，一些家长教育孩子用餐时，一定会双手合十，说声：“我领受了。”然后才动筷，吃完后，总说：“感谢妈妈，今天的饭菜真好吃。”才离开餐桌。而我们的父亲常常边看报边吃饭，吃完饭就一声不吭地离开。孩子看在眼里，学在心里，可能一辈子也不会说出一句赞美母亲饭菜的话。

作为父母，不要过分屈从孩子的要求，有些父母满心希望孩子产生这样的想法：“爸妈真是太爱我了，我好感动，我一定要好好学习，长大后报答爸妈。我真感激父母。”其实溺爱孩子，并不能让孩子萌生感激之情。对孩子的关爱是重要的，但更重要的是要培养他们的责任感。没有责任感的人，一般是指没有感激之心的人。不会感激的人总是以自我为中心，没有受到良好教育的独生子女之所以被称为“小皇帝”，是因为他自我膨胀，把周围人的过度的爱心视为天经地义，总不知道心怀感激。

父母要教会孩子真诚地对他人说：“谢谢！”让孩子学会感激他人，让孩子在谦虚和真诚中得到朋友的帮助，从而一步步走向成功。

专家建议

培养孩子的感激之心可以从以下几个方面着手：

引导孩子热爱自己的爸爸、妈妈等长辈，喜欢老师和班中的同学；感激爸爸妈妈和老师们对自己的爱，对自己的教育和帮助。并采取一些方法来表达自己的感激之情，比如说，教师节给老师送张贺卡；帮助爸爸妈妈干家务，等等。

引导孩子尊重周围的劳动者，感谢他们为社会做出的贡献，使我们有一个良好的学习和生活环境。

让孩子多参加集体活动。现在的绝大多数孩子都是独生子女，从小就是衣来伸手、饭来张口，他们已经习惯了爸爸妈妈的照顾，并且觉得这是应该的，凡事以自我为中心，不懂得感激他人。这样的孩子开始在集体活动中很难和同龄伙伴和睦相处，也不懂得感谢别人为自己做的事。只有在集体活动、集体交往中碰了几次钉子之后，才会意识到要想到他人，要感谢他人，在活动中获得与他人相处的经验。

07 不要因为小困难而丧失学习的热情

刘晶从小就梦想长大当一名翻译家。初一年级新开设了英语课，她课堂上积极回答问题，每天都能按照老师的要求记忆单词，背诵课文，每次考试都在 90 分以上。这时候的刘晶对英语的学习充满了热情，看电视会专门挑英文频道来看，就连听音乐也是只听英文歌曲。

可是，第二学期开始，随着学习难度的增加，刘晶的学习热情就没有那么高了，妈妈发现她每天不再听课文录音，不再听英文歌曲，整天唉声叹气："英语真难学！"考试分数也明显地下降了。

这天，刘晶拿回了一张 70 分的英语考卷。望着试卷，她伤心地哭了："怎么只考了这么点分呀，我的英语怎么变得这么差了！"

妈妈轻抚着刘晶的头，温和地说道："学习任何知识都不免遇到这样或是那样的困难和障碍。这只是你暂时遇到的小困难，可不要为此丧失学习的热情呀。妈妈相信你一定能把英语学好的，就像过去一样继续努力吧。”

后来，刘晶在妈妈的鼓励和帮助下，重新拾起了对英语学习的热情和冲劲儿，很快地，刘晶的英语学习成绩又恢复到了全班的领先水平，现在的她，对自己更有自信了呢！

生活中，有一些孩子在学习上遇到困难后，便开始对学习丧失信心，丢掉原有的热情了。那么，父母该如何激发孩子学习的热情呢？

首先，父母要使孩子树立正确的学习目的和动机。帮助孩子认识到，中学阶段是人生的重要阶段，所学的知识经验都是今后从事任何职业不可缺少的基础。读书并不仅仅为了考试，更主要是要适应未来社会的要求。如果孩子确立了努力的目标，认识到今天的学习对于未来的意义，就会更加渴望获取更多的知识、技能，也就是形成了学习的“内驱力”。

此外，父母还要帮助孩子确立起学习的兴趣。学习的兴趣往往来自对知识的好奇心和求知欲。在学习过程中，孩子往往会因解决了学习上的一个难题而感到高兴。当孩子产生了学习热情的时候，他们就会体验到学习中的乐趣，从而激发起强烈的求知欲和学习的热情。所以，要在学习中多帮孩子获取成功机会，让孩子学得有自信、有兴趣。

当家长看到孩子在学习上遇到困难百思不得其解时，做父母的应采用适当的方法来启发帮助他，使他能依靠自己的力量来解决难题，使他不仅体验到学习的乐趣，也增强了战胜困难的信心。

专家建议

有目标才能有动力。因此家长要根据孩子的实际水平确定难易适当的目标。否则，目标太高，几经努力也难以达到，就会丧失自信心和学习热情，产生厌学的情绪；反之，目标太低，他会觉得太容易了，产生骄傲情绪，求知欲望也就降低、学习热情也会荡然无存。

家长要让孩子学会保持良好的心态，健康的成长。要有随时保持自信、勇于战胜困难的积极心态。

08 养成良好的时间观念是一个人成功的前提

这天放学回家后，晓玲怎么也打不起精神来写作业，妈妈看到她似乎很累的样子，没有立刻要求晓玲马上做作业，而是很理解地建议道："要是现在不想写作业的话，那就先休息一会儿吧？"得到妈妈的同意，晓玲就在房间里面听音乐放松起来。

可是过了大约一小时，晓玲似乎没有想做作业的迹象，妈妈在房外提醒道："晓玲，该写作业了。""知道了，待会儿，马上就写。"晓玲随意地敷衍了妈妈一句，又自顾自地玩起小制作了。到了吃晚饭的时候，妈妈再次问起："功课做了没？"晓玲挠挠头，说道："吃饭完，马上就写。"

可吃饱后，晓玲又以稍作休息为借口，和妈妈"耍赖"道："我待会儿就写作业了，让我先喘口气。”

妈妈皱皱眉，指指墙上的时钟对晓玲说：“你准备什么时候写作业呢？请你告诉我确切的时间，好吗？你要知道，养成良好的时间观念是一个人做事成功的基本前提。”

晓玲听出了妈妈话里的意思，不好意思地说道：“5分钟后，我马上就去做功课。”

果然，一会儿晓玲乖乖地写作业去了。妈妈的这句话还真的很有效呢！

生活中，家长们一定会注意到孩子最喜欢讲的话就是“待会儿”“马上就……”可是他们的“待会儿就去干”并非是马上就去干的意思，这只是孩子习惯用的托词。

这种拖拉的习惯很不好。所以，当孩子说：“待会儿就去”时，父母应该马上询问：“待会儿是什么时候？确切的时间是多少？”要求孩子说明确定的时间，这是帮助孩子学习管理时间的好方法。

孩子办事拖拉、磨磨蹭蹭多半是因为没有形成办事有条不紊的好习惯，分不清轻重缓急，分不清主次，不知从什么地方下手。家长可以要求孩子准备一个记事本，把需要做的事情都记在记事本上，并对其予以分类。无论学习还是生活都可以分为两大类：一类是必须在规定时间内办理的，如上课、做作业、打扫卫生等；另一类是较为自由的，在一段时间内，什么时候办都可以，如理发、买衣服等。对于第一类要求孩子形成定时、及时完成的好习惯，比如孩子放学回家要先做完作业后玩；对于第二类，则要求孩子学会随机办理的好习惯，完全可以在紧张的学习之余，出去散心的时候办理。

父母要从小培养孩子良好的时间观念。养成良好的时间观念是一个人做事成功的基本前提，按时完成作业，今天的事今天完成，不要随意将任务推延。切忌明天复明天、明天何其多的拖拉作风。当然有时候孩子也许正在忙着自己的什么事情，不能立刻完成父母要求完成的事情，这时家长也要给予适当的谅解，给予他们一定的空间。

专家建议

父母要教给孩子必要的方法。有些孩子办事拖拉可能是觉是事情比较棘手，对处理好该问题缺乏信心。对于这样的孩子，父母可以具体指导孩子应当分几步来办，一旦孩子明白了如何去办，孩子也就有了信心，也就不会逃避和拖拉了。

父母要从小要求孩子答应别人的事情就要及时做到，必须信守自己的承诺。此外，父母也要在这方面以身作则，说到做到，给孩子树立好榜样。

09 不要让困难打倒，做一个勇敢的人

默默今年刚刚升上初中，可是没去学校几天，他竟然有点不敢去学校了。到底是为什么呢？原来默默本来就是性格很内向的孩子，可是在开学的第一天，老师却意外地点名叫默默当班里面的小组长，这可有点“吓坏”默默了，他可不想当什么组长，因为当组长必须得帮助老师管理那些捣蛋的同学，默默可不想为了这个小组长“惹”到那些捣蛋鬼。此外，默默也有点不喜欢初中生的生活，每天都要上好久的课，他心里面想着，要是能每天呆在家里就好了，那就再也不用烦恼了。

这天早上，默默对妈妈恳求道：“我今天不想去学校了，以后也不想去学校了，我害怕上学。”

妈妈突然听到孩子这样的要求，自然很惊异，不过，她没有表现出来，还是用很轻松的口吻问道："怎么了？可以告诉我不敢上学的理由吗？能告诉妈妈吗？"

默默说道："我不想上学，我害怕上学，我不想当小组长，妈妈，求求你，我不想上学啦……"

妈妈拥着孩子，说道："你已经长大了，嗯，你应该和其他人一样上初中了呀，上学没有什么可怕的，所有的困难都怕勇敢的人。我相信你是一个勇敢的孩子。妈妈今天亲自送你去学校，好吗？"

默默微微地点了点头……

现实生活中，有些孩子由于没有适应新的学习环境或是新的师生关系，会产生害怕去学校的情绪。如果孩子有一天突然宣布：我今天不想去学校时，此刻，家长决不能心软，千万不能说："好吧，不去就不去了。"如果这样迁就孩子，只会让孩子得寸进尺，很可能会因为一点小事就不愿去上学了。这时家长应该弄清楚孩子害怕去学校的原因，对他说："可以告诉我你不敢上学的理由吗？"对孩子进行耐心的说理教育，想办法让孩子愿意去上学。

此外，家长还要努力向孩子表明两点：一是自己很高兴帮他解决在学校中遇到的难题，但是很希望他今天仍坚持上学。另一方面，问清孩子为什么不愿去上学，同时帮他收拾好东西。

如果孩子不能解释为什么不愿去上学，或者所提的借口有些牵强附会，不妨婉转地问他："今天在学校给你印象最深的事情是什么？"在听孩子说话时，既要听事实，又要注意揣摩孩子的表情，还要观察他的某些动作，比如皱眉、坐立不安等，然后与孩子共同寻找解决问题的办法。

如果有必要的话，最好亲自把孩子送到学校去，并且同时说："我小时候也碰过这种事，但不去学校不是办法，让我们想一下怎么解决这个问题，你先去学校，放学回来再一起讨论。"

作为家长，这个时候还应主动找老师交谈，把自己所了解的情况也讲给老师听，因为老师可能还不知道孩子忧虑的原因。老师知道后，三方一起讨论，共同寻找解决问题的办法。这可使孩子顺利度过难关。

专家建议

家长可以帮助孩子找他一个同班又住得较近的同学作朋友，这样，以后去上学时就不会感到孤独，也有安全感了。另外，当和孩子分手时，要尽量表现平静、自然的样子。

当孩子放学归来时，家长不要忘了接着与他讨论他为什么不敢上学的问题，问清楚原因。

10 你也拥有很多让别人羡慕的地方

莉娜在一所中学就读，他们班上有许多同学家境不错。同学们全身几乎都是名牌，就连大家手中的MP3呀、手机什么的，都是最新款的，这些孩子们无意识间渐渐有了攀比的现象，例如今天某某穿了一件“ONLY”的衣服，明天一定会有两三个同学穿更为名牌的衣服到班上来。大家似乎在互相叫劲，似乎谁要稍微穿得比别人差一点就会没面子，会丢脸。

所以，莉娜在这样的环境下自然也开始追逐名牌了，莉娜也开始要求父母给自己“包装”了。她穿鞋要穿“耐克”，穿衣也要穿名牌，生日一定要请同学去“必胜客”，说是其他同学都这样，自己如果不这样，就是“掉价”丢面子。莉娜的妈妈看到女儿这样子，不禁忧心忡忡起来。

这天，莉娜回到家就立刻向妈妈请求道：“妈妈，我想买一套‘耐克’

的运动服，我们明天校运会。”

妈妈没有立刻答应，也没有立刻表示拒绝，而是微笑着问道：“老师要求必须得穿新买的运动服吗？而且必须是耐克的？”

莉娜回答：“没有呀，只是大家都会穿名牌去参加的。要是我不穿，会被笑的啦。”

妈妈夸张地皱皱眉，说道：“真的吗？”

莉娜肯定地回答：“真的！大家都要在明天秀自己最好的衣服，我们有个同学还会穿从国外买回来的衣服去参加呢，你不知道我有多羡慕。”

妈妈握着女儿的手，说道：“难道同学们只会去羡慕那些有名牌衣服穿的人吗？孩子，我们也有很多让别人羡慕的地方，对吧？例如，你的开朗性格，你的乐于助人，你说呢？如果让妈妈来评判，我觉得你的微笑比身上的名牌衣服更让人喜欢，更让人羡慕。”

莉娜听了妈妈的话，脸红了。

生活中，很多父母经常埋怨道：“我的孩子整天嚷着买名牌。”面对这样的情况，父母该怎么处理呢？

首先，家长自己不能有这种想法：“我的孩子不能比别的孩子差。别的孩子有的我的孩子也应该有；别的孩子没有的，我的孩子也要有。”如果连家长都有这种虚荣心，那么就很难在实质上帮助孩子，反而会推着孩子朝着错误的方向越走越远。做家长的不应放纵孩子，去满足他越来越膨胀的虚荣心。

父母也不要急着责备孩子，最好以开放的方式去询问孩子为什么必须买名牌，耐心地聆听孩子的回答，直接坦率地询问可以加强亲子之间的沟通。如果孩子买名牌的原因是受了同学朋友的影响，父母要及时纠正，可以对孩子说“你也拥有很多让别人羡慕的地方”等话语，转变孩子心中错误的观念。

父母在与孩子的交谈中，要引导孩子多从社会价值而不是个人价值的方面去比较。例如，要拿自己的学业成绩、对班级贡献的大小等方面的成绩来比较，而不是比吃、比穿、比用、比玩。要立足于自己实际情况来比较，不要与自己能力相差大的同学作比较，否则容易造成自满情绪或自卑情绪。

专家建议

父母要帮助孩子树立一个正确的荣辱观，也就是对荣誉、地位、得失、面子要持有一种正确的认识和态度。一个人应该有一定的荣誉感，但面子不可没有，也不能强求，如果“打肿脸充胖子”，过分追求荣誉，显示自己，就会使自己的人格受到歪曲。

父母可以尝试带着孩子认识其他生活比较朴素的朋友，让孩子明白生活上的各种苦处，懂得珍惜现在所拥有的一切。结交了这类朋友，孩子会渐渐养成对抗名牌诱惑力的能力。

11 凡事都要有计划，学习也是一样

林芳语今年刚升上初中，可是她有点不太适应初中的学习生活。她面临的最大问题，就是不会安排自己的学习时间。过去在小学时，作业很少，所以，林芳语养成了先看电视再做作业的习惯。可是现在初中的功课相对繁重了很多，林芳语却还没有改变自己的学习习惯，不会合理地安排学习时间。有时候，她还会因为看电视而耽误了做功课。

这天，林芳语放学回家后，把书包往沙发一放，便开始和好朋友“褒电话”了，天南海北地聊得不亦乐乎。

一个小时后，林芳语终于放下了电话。接下来的时间，她没有去做作业，而是有滋有味地看起了电视。直到晚上睡觉前，林芳语才想起了自己还有作业没有写的事情，她急忙拿出课本，打着哈欠迷迷糊糊地做功课。

此时，妈妈走到了林芳语的房间，温和地说道："现在才写功课吗？我觉得你不会安排学习时间哦。凡事都要有个计划，学习也是一样。"

林芳语有点脸红了。

妈妈继续说道："初中的学习生活会相对紧张很多，所以，你要学会安排和利用时间。芳语，我们一起来制定一个学习时间计划表吧，以后，你就按照自己的安排学习和休息，你觉得这个提议如何？"

芳语点点头，十分赞成妈妈的建议。

后来，芳语和妈妈一起制定了一张详尽的时间安排表格，她也很自觉地遵守表格上面的时间安排。很快地，她就适应了初中生活，学习成绩也得到了明显地提高！

古语说："凡事预则立，不预则废。"这就是说，凡事都要有个计划，学习当然也概莫能外。所以，父母应该教会孩子如何安排自己的学习时间。而和孩子一起制定学习计划时间表便是最有效的方法。下面将给家长们提供一些这方面良好的建议：

制订可行的计划。学习计划要求不宜过高，因为要求过高不仅难以执行，而且容易引起心里没数和自卑感。有的孩子虽然订了学习计划但没有执行，究其原因主要有以下三个方面：一是计划订得过于理想；二是本人缺乏执行的毅力；三是周围条件不允许。当然，无论属于哪种情况，都可以依靠他本人的努力和身边人们的协助而加以解决。

要考虑生活的平衡。制订学习计划不能只考虑学习而不顾其他。其实，学习只是一天生活中的一个方面，其他活动对学习都有一定的影响，所以，在制订学习计划时，必须全面考虑。既要使学习在一天中占首位，又要使学习同其他活动协调起来。换言之，在一天的作息时间表里既要有吃饭、睡眠、上课、课外活动的时间，也要有休息、娱乐的闲暇时间，还要留出同同学、朋友、家人聊天、听广播、看电视等时间。总之，一天的活动要多样化，各种活动都应该适时且协调地进行。有规律而充实的生活是提高学习效率的基本条件。

此外，学习计划既要有灵活性，又必须以基本不变为原则，这样才有利于养成良好的习惯。倘若把什么情况都看成是例外，随便变更计划，就难以养成好习惯。所以，在一开始制订计划时就要考虑留有余地，计划一旦订好之后，就尽可能不要变动。坚持这一原则十分重要。

还要有具体的学习目标。这个目标要根据孩子自己学习的目标、以往的学习情况、学科进度、喜恶学科等情况来决定。要把一天中的全部活动都纳入到计划中来。要使学习在一天的生活中占有适当位置并与其他活动协调起来。

专家建议

要根据时期的不同来制订不同的计划。一般可分为学年计划、学期计划和一周作息时间表等三种。在制订作息时间表时要注意以下几点：为了能长时间持续学习下去，要注意中途休息五六分钟左右。可利用这段时间进行简单的体育活动，如做体操之类。

预习和复习的时间要分开进行。复习时间尽可能在当天课后进行，预习则尽可能在课前进行。无论预习或复习，都是距离讲课的时间越近越好。娱乐时间的安排要适当，使精神能从紧张的学习状态中解放出来。在学习时间分配上应适当考虑运动、娱乐、社交等活动。

12 偏食会对健康带来不良影响

周鱼有点挑食，他不太喜欢吃水果和蔬菜。拿他的话来说，他是肉食动物，每顿饭只会挑桌上的大鱼大肉来吃，而对于蔬菜呢，却是视而不见，每当妈妈给他夹蔬菜的时候，他总会皱着眉头一脸厌恶的样子。周鱼的爷爷奶奶特别疼爱这个孙子，所以每当妈妈让孩子吃点蔬菜的时候，奶奶总是心疼地劝道："就由着他吧，他开心就行了。"妈妈也不好反驳奶奶的话，所以就这样，小鱼渐渐变成"肉食动物"了，而且这样的饮食结构直接把小鱼"栽培"成一个小胖子。这不，刚上初一的他体重居然已经突破了70公斤大关。

妈妈觉得再这样让孩子偏食下去，对他的健康成长没有一点好处，妈妈觉得应该找个机会和孩子好好聊聊了。

这天，正好爷爷奶奶出门探亲去了，到了吃饭的时间，妈妈觉得这是一个好机会。当周鱼把一大块牛肉夹到碗里的时候，妈妈适时地说道："健康的饮食结构对人体的成长很重要哟，偏食会对健康带来不良影响。所以，平时我们人体不但要吃蛋肉，还得吃点蔬菜的。"

周鱼抬起头问道："是这样的吗？"

妈妈肯定地点点头，然后夹了一根青菜到孩子碗里说道："今天先试着吃一点儿，妈妈希望看到你健康的模样。"

尽管有点不情愿，周鱼还是把青菜吃了下去，妈妈表扬道："嗯，不错，蔬菜并不是这么难吃吧？"

周鱼不好意思地笑了。

后来，周鱼渐渐脱掉了"肉食动物"的帽子，现在的周鱼不但体重减轻了不少，个头也长高了！

面对孩子偏食的问题，父母首先要明白这样一个道理：每个人都有不爱吃甚至不吃的东西，这是个人的喜好。但如果孩子不吃的主要是蔬菜和水果，那就可能会造成营养的不足了。此时，父母就要想办法纠正孩子偏食的不良习惯了。

父母首先要让孩子感受到他们的关心，以及让孩子安心，"今天先试着吃一点儿"，让孩子不用紧张。然后父母就应该向孩子说明，偏食会对健康带来不良影响，采取鼓励的态度能帮助孩子慢慢改正。

此外，父母还要寻找一下孩子挑食的原因。许多孩子偏食往往是受父母的影响而形成的，有的父母在孩子面前说："我不吃韭菜。"于是，孩子也跟着不吃韭菜。有的父母不喜欢吃鸭，于是家里就很少买鸭，并从语言和表情上流露出厌恶吃鸭，这一切都会使孩子不吃这些食物。

其次，儿童常常会以一种事物或现象联想到某种食物，从而拒绝吃该食物。例如有的孩子因为看见把粪便浇在青菜上的情景而不愿意再吃青菜。

有的父母为了让孩子吃得多一点，明知偏食不好，还要投孩子所好。许多父母在买菜之前，往往先问问自己的孩子："你喜欢吃什么菜？"只要孩子喜欢吃的就买。其实这样做，无形中强化了孩子的偏食倾向。

不过家长也不要强迫孩子进食，这会产生反效果的。纠正孩子偏食的习惯，不妨注意调整一下日常菜式，例如先在菜肴中混入少许孩子不吃的东西，让孩子慢慢适应就可以了。

专家建议

父母不要在孩子面前说自己不吃什么或者什么菜不好吃以及菜的味道差等容易诱引孩子挑食的话。

不可娇惯孩子，不能一见孩子不吃某些菜就不再给他吃这种菜。不要当着孩子对别人说"他不爱吃这种菜"的话，以免使孩子加深对某种食物的厌恶感。

纠正孩子的偏食习惯，要注意在其胃口好、食欲旺盛的情况下进行。少给孩子吃零食，尤其是甜食及冷食。适当增加活动量，促进其食欲。对因偏食而影响健康且又十分任性的孩子，家长既要有决心，又要有耐心加以纠正。

13 尊敬师长是一个人必须具备的优良品德

新学期伊始，小伟的班上来了一个新的班主任老师，可是，这位老师似乎不太讨班里面的同学喜欢，因为，她太过严厉了。

小伟也不太喜欢这个新班主任，他觉得这个老师整天绷着一张脸，几乎从来没有看到过她笑的样子。此外，小伟不喜欢她的原因是，这位班主任常常在上课的时候点小伟回答一些特别难的题目，每当小伟答不上来的时候，老师总是用略带责备的口吻说道："这方面的知识还要继续巩固呀，知道吗？"

这天，小伟又被老师说了一顿，心里面自然闷闷不乐了。他回到家，就冲着妈妈叫道："我好讨厌这个'老姑婆'呀，整天都是面无表情的。"

妈妈有点诧异，便问道："你在说什么呢？"

小伟回答："我在说我们的班主任，她是个没有笑容的人。"

妈妈这才明白孩子话的意思，她走到小伟身边，轻轻地拉着孩子的手，说道："你知道吗？尊师是一个人必须具备的优良品德，所以你不能这样说老师。也许老师希望在你们面前树立严厉的形象，所以有时会不苟言笑，但是，我相信每个老师都有同样的愿望——希望自己的学生能够进步。明白妈妈的意思吗？"

小伟点点头，脸不由得红了起来……

有时候，孩子会说出一些不尊重老师的话语，或是做出一些不尊重老师的举动，父母必须要重视起来，并及时对孩子进行教育，要告诉他"尊敬师长是一个人必须具备的优良品德"，要对孩子说出自己的期望，不能说出不尊重老师的话。

父母可以通过讲故事、摆实例等，让孩子知道：老师的最大心愿，是希望学生进步，期待学生成才；老师的最急之处，在于学生学习退步，不求上进；老师的最大安慰，是自己的教学效果好，学生满意；老师最担扰的事，是学生对学习马马虎虎，得过且过。老师之所想、所急、所喜、所忧，都在对学生的教育和教学上。如果孩子能时刻理解老师的这种拳拳之心，就不会不尊重老师了。

此外，家长让孩子一方面要在尊敬老师的基础上，主动适应老师的教学特点，用求大同存小异的方法来尽量与老师协调一致；另一方面，还要在师生融洽的基础上坦率地向老师指出改进工作方法的合理化建议。

专家建议

家长要教会孩子理解老师。老师也是人，也有错误，作为学生要给予理解，对老师要有一份“爱心”。

家长要教会孩子尊敬老师。老师将自己的全部心血和热情都投入在了学生身上，要尊敬他（她）们，要有礼貌。

14 别让嫉妒阻碍你成为一个宽宏大量的人

楚菊班上新转来一个女孩，这个女孩不但长得可爱，学习成绩也非常优秀，而且对人很真诚，大家都喜欢和她交朋友。

可是，楚菊却是满心地不喜欢她。因为，在她没有转来之前，楚菊是大家心目中的“小公主”。但现在“小公主”不再是自己了，而是这个半路杀出来的“程咬金”。所以，楚菊自然非常不喜欢她，甚至还有点嫉妒她了。

这天，楚菊把自己心中的烦恼和妈妈倾诉了一番，希望能得到妈妈的帮助。楚菊气鼓鼓地说道：“哼，她有什么了不起的！真讨厌！”

妈妈听罢女儿的讲述，隐约也能从她的话中感到酸酸的“嫉妒”。妈妈抚着楚菊的头发说道：“其实，你和她一样出色，我觉得别人也是这样认为的。每个人都有自己的长处，对吗？她有她的优点，你也有你的优点呀。所以，不要因为别人在某一方面稍微比自己强一点，就去批评别人。嫉妒会使人变得心胸狭窄。明白吗？”

楚菊听了妈妈的话，倒觉得有点不好意思了。她点点头，把母亲的话牢记心中。

后来，楚菊和那个女孩也成了好朋友，大家互相帮助、互相学习，楚菊发现她真是一个不错的朋友。楚菊心中默默感谢妈妈当初的一番话语，让她没有错过这样一个知心的好朋友。

嫉妒是一种消极情绪，有的孩子因嫉妒常会贬低、批评别人，以说明自己比别人好。有的还可能变得十分固执、武断，试图破坏别人的欢乐或限制他人的自由，形成怨恨、敌视等不健康的情感。如果孩子屡生嫉妒，日久天长，会成为一个心胸狭窄的人。因此，家长要尽力帮助孩子摆脱嫉妒心理，这样才有利于孩子的心理健康。

有的家长在教育孩子时总喜欢把自己的孩子与别的孩子相比较。常会说："小丽考试得了一百分，你为什么考不得？""小宇的画获了奖你却不会画画。"其实，每个孩子都有自身不同的特点，对不同的孩子做出同样的比较，显然是不合理的。既然嫉妒是来自不如别人的自卑，那么对比中的不当只能点燃孩子心中的妒火。

此外，有的孩子在与别人的竞争中，获得了成功就会沾沾自喜，看不起人，而一旦比不上别人就会认为事事不如别人，产生嫉妒的情绪。这时候家长应多关心、注意孩子，帮助孩子树立正确的竞争意识，要让孩子懂得他不可能拥有生活中的所有优势，当自己在某些方面即使超过了竞争对手，对手的优势并没有因此而减少，价值依然存在。反之也会如此。让孩子懂得无论自己成功与否，都要与人分享成功的喜悦。

专家建议

对自己不满或因受挫折而自卑的孩子往往容易产生嫉妒，因此要通过发展孩子的兴趣和才能，以培养和提高孩子的自信心，同时要注意：

不要对孩子提出过高的期望。如果不注意孩子的年龄特点及孩子的兴趣爱好，一味要求过高过严，孩子会因自己实现不了父母的期望而得出自己“无能”的结论，感到自卑。

在平时学习中，引导孩子与自身相比，让孩子把自己的过去当成一个超越的目标，让他真正体会进步的含义，当孩子完成之后，要及时地进行总结和表扬。

让孩子多参与合作性的活动，在群体中让孩子逐渐学会关心和爱护别人。学会了合作与分享，学会了向他人学习，就会放宽心胸，减少嫉妒。

第五章

日常生活中应该说的话

01 每个人都是独一无二的，都是不可取代的

蜜雪和蜜糖是一对双胞胎姐妹，她俩最喜欢的人就是自己的爸爸，在她们眼里爸爸是世界上最可爱、最帅的父亲。蜜糖是妹妹，尽管蜜雪只比蜜糖大 20 秒，可蜜糖仍然得叫蜜雪为姐姐。这点让蜜糖很不服气，呵呵，两人还经常会为这件事叫劲儿呢。

这不，两人又开始争论谁大谁小的问题了。

只见蜜雪摆出一副姐姐的模样，说道："我是姐姐，所以你应该听我的话呀。"

蜜糖不屑地回答："哼，只比我早出生 20 秒，就是姐姐了？"

蜜雪说道："当然了，我是姐姐，你是妹妹！"

此刻爸爸正好在一旁看电视，蜜糖跑到爸爸跟前撒娇道："蜜雪老是以

姐姐的身份‘压制’我，对了，爸爸，你是喜欢我多一点呢？还是喜欢蜜雪多一点？”

爸爸微笑着回答：“每个人都是独一无二的。我有你们，我感到很幸福，两人在爸爸心中都是不可取代的。”

蜜糖和蜜雪两人俏皮地笑了……

生活中，家庭里只要有姐妹兄弟，那么孩子不时会这样问父母：“你最喜欢哪一个？”这是个比较难缠的问题。此刻孩子其实是希望肯定自己在父母心目中的地位，也想试探父母是否公平。他最需要的是想知道爸爸妈妈会不会因为其他孩子而少爱他。所以，父母不能草率回答，回答得不得体也许会对孩子的心灵造成很大的影响。

父母首先应该冷静下来，不需要作正面回答，只需巧妙地、温柔地对孩子说："每个人都是独一无二的。我很高兴有你们……"父母说这句话的作用在于让孩子明白每个人的独特性。既然每个人都是独特的，让孩子感觉到父母以他为荣，就没有什么值得比较，孩子也不会再追问父母比较爱哪一个。

给孩子一个满意的答案，安抚他的心后，父母还不妨说说孩子和其他孩子各自的优缺点，让他知道父母一直没有忽视他，更了解他的独特性。父母在此还可以继续鼓励他发挥优点，改正缺点。

专家建议

当孩子问父母更爱哪个孩子时，父母最好不要以敷衍的态度回答："每个人我都爱"、"我都喜欢呀"。这样的话表面上看起来是公平的，但反而很容易让孩子觉得父母没有诚意在回答自己的问题，下次还有可能再次重复这样的话题。

当孩子询问一些没有确定答案的问题时，父母切不可一笔带过，一定要学会巧妙地正面作答。

02 试着自己解决这个问题，你会发现自己很优秀

和所有的孩子一样，果果也是个“十万个为什么”，天生就是提问专家。“为什么世界上有人？”“人为什么分男人和女人？”“火星上面为什么怀疑有人类存在？”……常常是一连串的问题让爸爸妈妈应接不暇。有时候，果果会提出一些让大人觉得匪夷所思的问题，这些提问让父母丈二和尚摸不到头脑，真不知道孩子小小的脑瓜里居然会有这么多的问题。

这天，果果突然对妈妈手上戴的手镯发生了浓厚的兴趣，他盯着妈妈手上漂亮的手镯问道：“妈妈，这手镯是金子做的吗？”

妈妈答道：“是呀。”

“那为什么是白色的呢？金子不是黄色的吗？”

“这是铂金了，也是金子的一种。”

果果的“为什么”开始出来了：“为什么叫‘铂金’呢？它为什么是白色的呢？”

妈妈稍微停了一下，笑着继续说道：“你觉得呢？”

果果挠挠脑袋回答道：“我认为是由于成色的问题。”

妈妈接过话茬：“嗯，听起来蛮有道理的，我们一起去找资料查查吧。”

果果开心地点点头，然后立刻飞奔到书架前……

面对孩子一连串“不可思议”的为什么，很多父母会渐渐变得不耐烦。其实，父母应该欣赏孩子的求知态度，理解他强烈的好奇心。当孩子提问时，父母可以先反问孩子：“你觉得呢？”“你认为呢？”“为什么呀？”等等，来引导孩子先思考答案，再自行寻找答案，这样的方式可以加强孩子的逻辑思维能力。当孩子尝试说：“我认为是这样……”这就是一个很好的开始。

在他回答的过程中，可以适当辅助他思索，为他理清思绪。即使孩子答错了，父母也应当赞赏孩子所作出的努力，鼓励他继续尝试。孩子得到父母的肯定和认同后，自我形象自然随之提高。

孩子的问题也许会非常简单幼稚，但是家长的态度要真诚，不要嘲笑他，要以积极的态度诱导他。切忌不要因为忙或心情不好就对孩子的问题不理不睬，这样做只会使他感到深深的失望，理性的探索欲望也会随之消失，这对孩子的求知欲是个打击。同时要注意，在回答孩子的问题时要简明扼要，只要让孩子明白简单的道理就行了。比如，孩子问：为什么灯能亮？你可以简单的回答：这是因为电能发光发热。至于更深的电路内容，孩子理解不了，也不必太费口舌。

在回答孩子的问题时，还可以与他一起去寻找答案，在寻找答案的过程中，孩子既学到了知识，也体会到探索的乐趣。在与父母一起努力的过程中，还会让他体会到父母就像朋友一样可以互相帮助，从而使孩子的自信心大大增加。因此，这是帮助孩子提高学习兴趣的好方法。

专家建议

父母面对孩子的提问要实事求是，知道就是知道，不知就是不知。切不可敷衍了事，不懂装懂。此外，父母最好给孩子购买一套百科全书，鼓励他在书中自行找到答案。

有时候父母带着孩子外出时，孩子会提问个没完，怎样能让孩子静下来呢？可以让孩子把问题记下来，待回家后与他一起找出答案。

03 孩子，让我们一起来讨论这个问题吧

过几天就是奶奶的生日了，这不，爸爸妈妈正热火朝天地讨论着该给奶奶买些什么礼物呢。坐在一边写作业的刘欣也想参与到这场讨论中，可是，她又担心要是自己插嘴了，会遭到爸爸妈妈的批评。刘欣觉得，父母多半会这样说："快考试了，还不好好复习，瞎管这些事情干嘛？这些事情大人考虑就可以了。"想到这里，刘琼自然不想自讨没趣了，所以，她"乖乖"地装着写作业的样子，呆在一旁不做声。

不过，刘欣的心思还是没有逃过妈妈的眼睛，于是，她对孩子说："小欣，我们一起来讨论这个问题吧？关于奶奶的礼物，我们需要你的宝贵意见哟！"

刘欣听妈妈这么一说，简直就是喜出望外呢！她立刻放下笔，愉快地加

入了父母的讨论之中。

在家中，常常会有这样的事发生：大人说个什么事，小孩子挤过来，却被家长浇一盆冷水，挨一顿训斥，乖乖地缩在一旁。为何不让自己的孩子参与讨论？有些家长认为孩子应该以学为主，时间与精力应该用在学习上，让他们加入到家庭讨论中是浪费时间。尤其是现在的孩子，考试、升学的压力比较重，这更使家长们有所顾忌，迫切希望他们“两耳不闻窗外事，一心只读圣贤书”。有些家长认为大人间所谈的话题与孩子无关，孩子不必参与进来；还有的家长认为和孩子在一起讨论，会影响自己在孩子面前的威信等等。种种原因，在家庭谈话时，孩子往往会被拒之门外。

其实，让孩子参与到家庭讨论中来益处很多：

首先，这有助于增长孩子的知识，提高孩子的认识。各方面调查表明：经常和大人们交流的孩子的各方面知识会比其他孩子丰富。对于一些事物的看法也会有较深的见解。这主要因为在和家长、成年人的讨论中，孩子在交流自己的所知、所想的同时，也会吸取大人们的一些知识、观点，为己所用。久而久之，这样的孩子必然知识丰富、见解独到，这对于他们的学习无疑是有很大帮助的。

另外，让孩子参与家庭讨论，有助于训练孩子的口才，提高孩子的智力。众所周知，犹太人在智力活动中占有公认的优势，他们中间产生的诺贝尔奖获得者、科学家领域中的代表人物和专业人才，数量之多，大大超过了其他民族人口比例，奥秘何在？其中重要一点，就在于犹太人特别注重孩子的思想交流，孩子一直受到成人的教诲和指导。孩子可以和成人广泛地讨论问题，成人则竭力引导他们投入到学习研究、增长才干中去。显然，犹太人出名的口才和智力测评中的高分，与这一点不无关系。

此外，父母在和孩子交谈的过程中，孩子往往会在无意中流露一些自己的想法，这无疑是家长了解孩子的最好途径。家长应有心倾听孩子对一些事情的看法，鼓励孩子大胆表达自己的真实想法。如果孩子暴露出了错误的理解、偏颇的认识、不良的心理倾向，家长可以及时了解，并有意识地加以引导，防微杜渐，未雨绸缪。

因此，家长们可以有选择的让孩子参与讨论。当然，对于和孩子一起探讨、研究的问题，家长也要慎重选择，并不是任何话题、任何场合都适合孩子参与的。

专家建议

让孩子参与家庭讨论有助于营造一个温馨、和睦、民主的家庭关系。家庭是孩子成长的重要场所，对孩子一生的影响很大。心理研究表明，在温馨、和睦、民主的家庭中长大的孩子大都心理健康、性格开朗、积极上进。如果在家庭中，家长与孩子缺少语言交流，只是管理与被管理的关系、督促与被督促的关系，孩子就会畏缩、孤僻、反叛，许多悲剧常由此而产生。

家长经常和孩子在一起讨论相互关心的话题，能让孩子感觉到自己是家庭中不可缺少的一员，自己和家长是平等的，从而促使他健康地成长。

04 养成良好的阅读习惯会让你受用终生

王天宇平时特别喜欢看书，只要一有空便书不离手。不过呀，他常常阅读的书籍多半是一些武侠、言情类的小说，其他类型的书，他可是一概不看的。

这天，王天宇草草地写完了家庭作业，然后立刻迫不及待地掏出一本漫画书来看，甭提多入迷了。

此时，妈妈走了过来，温和地对天宇说道："这本书很有趣，对吧？"

天宇头也不抬地回答道："当然了，可逗了！"

妈妈接着说："不过，你能告诉我，从这本书里面你能学到什么有用的东西吗？"

天宇摇摇头，回答道："没什么有用的，就是光乐呗。这样的书看起来轻松。”

妈妈顺着孩子的话，说道：“我并不限制你看书的类型，不过，你应该学会选择一些更有意义的书籍来阅读。瞧，这本书可能更适合你阅读。养成良好的阅读习惯会让你受用终生的！”妈妈边说，便把《窗边的小豆豆》这本书递给了孩子。

天宇一下子被这本书可爱的封面吸引住了，接下来他认真地读了下去，他发现书里面果然有很多有趣和有意义的东西。

就这样，天宇在妈妈的帮助下，逐渐学会了挑选一些适合自己阅读的课外书，还养成了良好的读书习惯。这不，天宇最近还在学校举行的“读书活动”中获得表扬呢！

家长应当指导孩子的课外阅读。对孩子来说，开卷有益须选择。书给人以智慧，给人以力量，甚至使人终身受益，但也有令人颓废、萎靡不振的书，这种书实为糟粕、毒药。现在书的品种繁多，如果良莠不分，不仅浪费孩子的时间和精力，还有可能使孩子步入歧途。

作为家长，首先要为孩子选择那些观点正确、内容健康向上、适合孩子年龄特征和知识水平的书，例如各种优秀的儿童读物，中外古典名著，文学艺术经典，等等，对侦探、武打、言情之类要严格控制，因为这些书对孩子来说是弊大于利。

其次，要指导孩子科学读书。一是养成良好的阅读习惯。不动笔墨不看书，鼓励孩子写点读书笔记，留下读书的心得，哪怕是片言只语也是好的，精彩章节和佳句要能熟记，鼓励孩子背诵一些名篇名句；二是培养吸收和运用知识的能力，孩子读了书，要鼓励孩子讲给别人听，或把精彩句子用到作文、书信、日记中去，把书读活。

专家建议

父母要帮助孩子养成良好的阅读卫生习惯，读书姿势要正确，不要在路上、车上、厕所看书，不要躺着看书，不要在光线昏暗的地方看书，也不要在强阳光下看书，等等。

父母不但要正确指导孩子的课外阅读，家长自己也必须丰富自己，不断自我“充电”，提高自身的文化修养。

05 自己的事情自己决定，让自己成为一个有主见的人

爷爷奶奶对潇潇疼爱有加，每样事情都由他们帮忙代劳。潇潇想自己洗衣服，奶奶就立刻抢走她手中的衣服说道："水太冷，小心冻坏你的手，奶奶来好了！"潇潇上学、放学都是由爷爷亲自接送的。

后来，潇潇回到爸爸妈妈身边，可是潇潇怎么也不习惯，因为，她已经对爷爷奶奶依赖惯了，每样事情都希望有人代劳，而在家里，妈妈是不允许孩子这样的，她希望把潇潇培养成为一个能独立生活的人。

妈妈有意锻炼潇潇独立处理事情的能力，凡事都让孩子自己拿主意，作决定，慢慢地，潇潇逐渐不再依赖大人们了，很多事情都能一个人处理得很好。

高尔基说过：“爱孩子，是母鸡都会做的事。”但要真正做到科学的爱、理智的爱却又是不容易的。父母的观念不同、爱的方式也就不同，在此主张家长们不妨尝试：大人“放手”小孩“动手”的教育方式，注重培养孩子的独立能力。独立能力的培养必须从小做起，从细微处着手。

孩子能够做的事决不包办，父母要有意识地培养孩子自我服务的能力。当孩子想让你帮忙的时候，要对孩子说：“自己的事情自己做，自己的事情自己决定”。

生活就是培养孩子果断性的最好课堂。让孩子自己决定该穿什么衣服，该怎样收拾自己的房间，等等，并不断有意识地缩短留给孩子的决定时间。

孩子不会做的事要让他们自己学着去做，让其养成为家服务的习惯。当孩子碰到困难时，就让他们自己去想，培养孩子解决问题的能力。从小培养孩子独自解决问题的能力将使孩子受益终身。解决问题的过程中，孩子将学会与人协商，请求别人的帮助等一些交往的技能，能够及时地解决实际的困难。所以，要相信孩子，放手让他们去做、去尝试、去体验，培养孩子的独立能力，使孩子对自己充满信心。

如果孩子有办事犹豫不决、不够果断的毛病，那就带您的孩子多参加乒乓球、网球、羽毛球、跳高、跳远等体育活动。进行这些项目的活动，任何犹豫、徘徊都会延误时机、遭到失败。在这些活动中，长期锻炼能帮助孩子增强果断的个性。

专家建议

家长们试着按照陶行知老先生倡导的“六大解放”去做，去锻炼孩子的独立能力：

解放孩子的头脑，使他们能想；

解放孩子的双手，使他们能干；

解放孩子的眼睛，使他们能看；

解放孩子的嘴巴，使他们能说；

解放孩子的空间，使他们能到大自然大社会里取得更丰富的学问；

解放孩子的时间，让他们有一些空闲来自由安排。

06 如果你爱妈妈的话，就帮妈妈做一些小事情吧

科尔是战后德国任期最长的总统，他在任期间两德实现了统一。科尔出身在一个信奉天主教的家庭，父亲收入不高，必须省吃简用才能维持家里的生活。后来科尔的外婆去世了，给他们留下了一间房子和一块面积不小的土地，可这并没很好地改变家里的窘迫状况。虽然有了一块土地，全家人还必须勤勤恳恳的在田地上劳作，在上面种上蔬菜和水果，家里劳动力缺乏的状况很明显，父母感到过于疲劳，需要帮手。

一天晚上，科尔的父母将孩子们叫到客厅，孩子们都在猜测爸妈要说些什么。这时父亲开口了："孩子们，今天我想和大家说一件事，爸爸白天有自己的工作要做，田里的活儿都由你们的母亲打理，但田里的活儿实在太多了，你们的母亲一个人根本忙不过来呀，再说你们的母亲身体也不好，我想

让你们帮妈妈分担一下家务，让你们的妈妈多休息。因为我们家实在没有经济能力雇人干活儿。”

还没等父亲的话说完，科尔的哥哥很懂事地站起来说他愿意帮妈妈。父亲很高兴，他看着其他孩子微笑着说：“孩子们，你们愿意承担起家务吗？做一些自己力所能及的事吗？”

这时，小科尔说：“爸爸，可是我想玩呀，我不想做什么事情。”父亲并没有生气，他问：“你爱你的妈妈吗？”“我当然爱我妈妈啦。”“那就好，你妈妈既要照顾你们，又要在田里工作，非常辛苦，如果你爱你妈妈的话，你就应该帮助妈妈做一些小事情，做完了再去玩啊。”小科尔这次愉快地答应了，他的父亲于是宣布科尔以后就负责照顾母鸡、火鸡和兔子。

科尔显然很喜欢这样的活儿，这项工作不仅可看作是一项劳动，而且可以说是一项有趣的游戏。在以后的岁月里，科尔常常会主动帮助爸爸妈妈做些力所能及的家务活儿。

故事里面科尔的父亲通过适当的话语引导，让科尔明白帮助家里干些力所能及的事，是爱妈妈的表现。这样的理由让孩子很容易接受。生活中当家长教育孩子时，不妨采取这样的引导方式，让孩子很容易就把家务活儿当成一种有趣并且有益的事情来完成，孩子会觉得自己好像已当家作主，能独挡一面了，觉得自己了不起，自己成了家里有价值的一个成员。孩子会真正爱上家务活儿的。孩子有了对家庭的责任，同时也培养了他对社会的责任感。

明智的家长应抓住关键期，从小培养孩子的劳动技能和习惯，使他们会做，而且愿意做，这是一门艺术。今天对子女的放纵，就是明天的悲哀。家庭劳动教育，决不是课堂灌输所能解决的问题，而是通过孩子热爱劳动的品格的培养和自律自立精神的培养获得。

做家务时孩子可能会出现差错或遇到困难，如果家长轻则训斥，重则一巴掌，渐渐把孩子动脑想办法克服困难的兴趣削弱了，再加上事事不让孩子自己做，一手包办，全权代替，孩子就会被抑制，变得被动、消极和懒惰起来。前苏联教育家马卡连柯说：“父母对自己的子女爱不够，子女就会感到痛苦；但是过分的溺爱虽然是一种伟大的感情，却会使子女遭到毁灭。”

小鸡如果总躲在妈妈温暖的翅膀下，它就不会自我觅食；小鹰如果总享受着老鹰的呵护，它就不会翱翔天空。在这个日益复杂的社会中，没有独立自主，就谈不上建功立业，这不是天生的，它需要从小的培养和锻炼。而培养孩子自立的能力，最简单最有效的办法就是让孩子学会从小帮助家里干家务活儿。

专家建议

让孩子尝尝当家的滋味，做家务也是家庭作业。

在孩子完成家务的时候，父母应该及时给予其赞扬和表示感激。他得到赞赏，便会对做家务这一行为有正面的反应，下次便会再帮忙。除了赞赏也要谨记，即使孩子做错了，也要感谢他的努力，希望他下次再尝试。

07 要以尊重别人的态度去表达自己的意见

这天上自习课的时候，齐齐和同桌为了一个数学问题争论了起来，可能是两人有点过于投入了，说话的音量不免高了些。此时，正好班主任来巡视自习课的纪律情况，两人就被老师以上课讲小话为由点名批评了一番。齐齐心里面特别不是滋味，他觉得自己只是在讨论学习问题，可是，老师却没有调查清楚就随便批评人。

回到家后，齐齐一个人在屋子里面生闷气，连最喜欢的足球比赛节目都懒得去看了，爸爸有点奇怪，便走到他的房间里，询问道："怎么了？有什么心事吗？"

齐齐没好气地说："我今天在学校被老师莫名其妙地尅了一顿。哼，真郁闷！"

爸爸看着孩子一脸委屈的样子，心想他一定在学校和老师发生了什么不愉快的事情了，他缓和地问道：“现在，你心里一定有点不好受吧？可以把事情的经过告诉爸爸吗？”

齐齐这才把今天学校里面发生的事告诉了爸爸。

爸爸听罢，给齐齐出了一个主意：“既然是老师误会你了，你可以找个机会跟老师解释一下，相信老师一定会给你一个满意的回答的。你还记住，要学会以尊重别人的态度去表达自己的意见。”

齐齐在次日按照爸爸的建议找老师谈了，班主任在听过齐齐的辩解之后，真诚地向他道了歉。

生活中，父母经常会听到孩子对老师的投诉：“老师一点也不公平！”“老师今天冤枉我了，真气人。”这个时候，家长应该先弄清楚孩子这样说的原因，然后以“你心里一定很不好受”表示对孩子的认同，再接着弄清楚事情的原委。在所有的亲子沟通中，孩子都需要父母聆听心中的委屈，令自己心中的悲伤、生气情绪得以发泄出来。所以，父母以语言表达体会孩子的感受后，还要引导孩子把气话说出来。使孩子的心情得以舒畅。

此外，父母在听完孩子的倾诉之后，如果是老师做得有点不对的时候，也不要立刻气鼓鼓地说：“我要去投诉你们老师，问问他为什么要这样错怪你！”家长要记住，事情的重点不在于老师是否真的不公平，重点在于培养孩子，教会他们以尊重别人的态度去表达自己的意见和与别人协调的能力。此时，可以建议孩子改天去和老师好好谈谈，表达自己的意思，这样的做法也有利于培养孩子适当的忍耐力。要告诉孩子，老师也是平平凡凡的常人，面对学生他们只是长者、授业者和教育者，即使是一位优秀的老师同样会有这样或那样的不足。

专家建议

当孩子向家长表明自己被老师误会了，父母切不可立刻就说："是不是你做错了什么？老师才会这样对你？"这种把责任推到孩子身上的做法是教育中的大忌。

要学会和孩子倾谈心中的不快和各种委屈，让他们尽量把心事说出来，不要总闷在心中，这样的沟通有利于培养亲子之间的亲密关系，让孩子信任父母。

08 你很棒的，为何不试着让大家多了解你一点呢

冰冰今年刚刚升上初中，不知怎的，她现在变得越来越害羞，上课不敢主动举手回答问题，遇到陌生人的时候，冰冰一般也是满脸通红的，一副羞怯的模样。班上有什么集体活动的时候，冰冰总是喜欢跟在别人后面，别人干嘛，她就干嘛。

这天上课时，老师提问冰冰了，可是她涨红了脸，支支吾吾半天都没有说出一句话，同学们哄堂大笑，这下冰冰更是窘迫不堪了，蒙着脸“呜呜”地哭了起来。课后，老师及时给冰冰的妈妈去了电话，把冰冰的状况和妈妈简单地说了一下。

放学后，当冰冰一个人低着头走出校门的时候，意外地看见了等在门口的妈妈。冰冰有点奇怪，难道妈妈知道自己今天在班上的表现了？

妈妈微笑地向女儿招手，冰冰来到了妈妈跟前，怯怯地叫了声："妈妈。"

妈妈说道："嘿，我的冰冰，怎么一副垂头丧气的模样呢？"

冰冰轻轻地问道："你知道我今天在班上的表现了吧？我很没用吧？"

妈妈搂着冰冰的肩膀，亲切地说道："才没有呢！你很棒的，妈妈觉得你很棒！所以，为何不试着让大家多了解你一点呢？很多事情你也一定能做得很好！大胆一点，嗯？"

冰冰听了妈妈的鼓励之后，心中涌起了一股暖意。后来，在母亲的帮助下，冰冰渐渐学会了如何在别人面前大声地说话，表达自己的想法，上课也开始学会举手回答问题了。最近，冰冰还代表班级参加学校的演讲比赛呢！

几乎每个人都有害羞的时候，对青少年来说更为普遍。美国俄亥俄州立大学的一项统计结果表明，97% 的学生认为做公开演说是世界上两件最可怕的事情之一（另一件是核武器）。某杂志的"读者信箱"也经常收到学生的来信。信中常写道：我有一个大缺点，就是特别怕羞，一碰到上黑板做题或和陌生人说话时脸就红，我该怎么办？

从心理学的角度看，羞怯是一种情绪。每个人都有过羞怯的经历，这是非常正常的，只是羞怯的程度和时间的长短不一样罢了。有的人到成年以后还摆脱不了羞怯，以至形成"对人恐惧症"，所以应该重视孩子的羞怯体验和行为。如果父母对孩子的羞怯不当回事，那羞怯将有可能伴随孩子终生。

家长要明白孩子羞怯的表现形式，大多数羞怯的孩子都伴有学习成绩差、不与他人交往、不愿与同龄的孩子在一起玩耍、逃避课堂讨论、不主动发言、不愿在公开的场合抛头露面、做什么事情都要父母陪伴、不能单独外出、怕见陌生的人、在陌生人面前不知如何应对、说话爱低着头、声音比较小、爱脸红、说话办事都爱在别人后面、甚至连笑也不敢先于别人等问题。作为家长，该怎样帮助孩子克服羞怯心理呢？首先，在日常生活中，要给孩子以抚慰。孩子慢慢长大以后，应多多了解孩子的内心活动。要教会孩子最重要的东西：自信。“你太杰出了”、“你很伟大”这样的赞美之词不要吝惜。

此外，要多给孩子以鼓励，让孩子得到肯定和表扬。胆怯的孩子本身就

自责，缺乏勇气，在做某件事之前，预见的总是不好的结果。如果这时给他一些鼓励，增加他的勇气，他会把事情做得很好。

另外，一般羞怯的孩子会担心别人瞧不起自己而不去交友。这时家长就应该鼓励他，也可以让亲朋好友或比较熟悉的孩子与他一起玩，克服他交往的恐惧心理，然后再鼓励他到同学中交朋友。当孩子带朋友来家中时，家长要表现出热情，别不当回事，以增加他的勇气。

专家建议

在孩子面前不要滥用家长权威，尤其面对易羞怯的孩子。家里的事尤其与孩子有关的事，要多征求孩子的意见，让孩子觉得在家庭中他与父母是平等的。这有利于克服孩子的自卑情绪，同时还要鼓励孩子多交朋友，支持孩子参加有益的活动。当孩子找到自己感兴趣的事情时，就很容易摆脱羞怯。

要支持孩子参加有益的活动。当孩子找到自己感兴趣的活动时，就很容易摆脱羞怯。所以平时多让孩子参加学校的文体活动，多鼓励孩子在公共场合发言，千万别让孩子生活在集体活动的圈子之外。

09 倾诉是最好的缓解心理压力的办法

瞿恒今年马上就要参加中考了，学习负担骤然增加。每天有写不完的考卷，背不完的课文、公式，瞿恒渐渐有点“力不从心”了。最近，他总有一种喘不过气的感觉，心理压力仿佛已经超出了他所能承受的限度。瞿恒的精神状态变得非常不好，学习成绩也随之退步了许多。

瞿恒的变化，他的父母是看在眼里的。可是，瞿恒不想让父母担心，他觉得自己能够“撑住”。

这两天，瞿恒出现了食欲不振的情况，爸爸为此很心焦。他温和地询问孩子道：“你最近学习很辛苦吗？”

瞿恒点点头，说道：“功课越来越多，而且，我现在觉得心理压力好大，可是我又不知道怎么排解掉。”

爸爸轻轻地握着瞿恒的手，说道："能和我说说你的心理压力吗？倾诉是最好的缓解心理压力的办法。"

后来，在爸爸的帮助和引导下，瞿恒终于克服了种种心理压力，以正常健康的心态面临即将到来的中考。

适当的压力可以激励人努力向上，没有压力会使人疲乏、懒散，但压力太大又会使身心无法承受而出现心理问题。有研究表明，在中小学生中普遍存在厌学、考试焦虑和作弊以及青春期烦恼的问题，有不少学生还有性格狭隘、孤僻、懒惰和任性。作为父母，有责任帮助孩子克服压力，因为对孩子来说，父母是最重要的影响力量。这里给父母们提出几点建议，相信对舒解孩子的心理压力会有帮助的。

认真倾听孩子的心声。要想帮助孩子克服压力，先要了解孩子心理上有什么压力，压力从哪里而来。所以，必须听听孩子的倾诉，要抽出时间和孩子面对面地交谈。交谈时要专注、和蔼地看着孩子，认真地听他说话。只有父母肯把心交给孩子，孩子才肯把心交给父母。这样，才能了解孩子心理压力的真实情况，才能够针对问题帮助他们。

帮助孩子面对恐惧。有时候孩子会因为自己和别人不一样，比如不跟别人一起逃学，不跟着别人作弊、抽烟、抄作业，等等而受到嘲笑，甚至受到孤立，感到恐惧，不知所措。这时，父母应当教导孩子要坚持原则，不对的事一定不能做，让孩子知道，能够做到不随波逐流是很不容易的，这正是一个人成熟的表现，也是有主见、有头脑的表现。

和孩子一起分享自己的经验。父母小时候一定也曾经遇到过孩子今天的状况，当时是怎样对待的或现在遇到了什么难题又是怎样处理的，这些都可以和孩子分享。当孩子知道了父母原来也常常会面对压力和烦恼的时候，他们对父母所说的话就比较容易听进去了。父母告诉子女自己是怎样应付压力的，那实际上是为孩子树立了一个很好的榜样，也就增强了孩子克服压力的勇气和信心。

专家建议

父母要关心孩子的成长，鼓励孩子培养有益身心健康发展的兴趣爱好，多参加一些学校组织的课外活动，这对缓解孩子的心理压力是大有裨益的。最好不要强迫孩子去学这学那，应该多听听孩子自己的意愿。

当发现孩子出现心理压力过重的情况时，父母一定要加以恰当的引导，这样，孩子才不会产生更为沉重的心理压力，从而轻松愉快地度过青少年时光。

10 把心中的感受都说出来就可缓解紧张

张韩冰今年十四岁了，弹得一手好钢琴，不过，她有个毛病，就是每次上台表演的时候都会莫名紧张，常常发挥失常。因此上台前，韩冰的心情总是很紧张，害怕得想哭。妈妈也注意到了孩子的这种毛病，她一贯的作法是安慰她："你平常弹得那么好，上台也会弹好的。""不要怕，勇敢点。""不要在乎听众，他们大多数根本听不懂你弹的是什么。"可是这些安慰话起不了什么作用，韩冰每次演奏，不是忘了曲谱，就是指法僵硬，弹出的调子平凡、单调。于是，演奏之后，韩冰又是一场哭诉。妈妈再怎么说好，也无济于事。

这星期，学校举行艺术节，老师要求韩冰去演奏。韩冰为了这场表演好好地准备了一番，演出当天，妈妈陪着韩冰一块儿去了学校。到了表演前夕，韩冰又犯了老毛病，哭着说自己不能表演了。此时，身边的妈妈没有责备她，而是以同情的口吻说："在台上演奏是跟平常练习不同，那么多人看着你，你可能觉得他们在挑你的毛病，想起就紧张，妈妈能体会你的心情。只要你把心中的感受说出来，就不会再感到紧张了，是吗？"

韩冰感激地抬起头说："噢！妈妈，真没想到你能体会我的心情。谢谢你。"

韩冰平定了一下情绪后，就上台演奏了，这次她表现得非常出色。下台后，她激动地说："真高兴，我成功了！我对得起听众的掌声。"

妈妈笑着回答："当然，这次真是太棒了。"

父母对孩子的意见，一般是同意或不同意。但有时，对他们的意见不置可否，也能很有效地帮助他们。不置可否，就是既不赞美，也不批评，只表明父母心中的感受，对孩子的意见表示接受。让孩子深切体会到原来父母也明白，也能体会到自己的心情，也在同情自己，希望能帮助到自己。那么他会感到很温暖，心中的焦虑自然而然会自我消除掉的。

此外，很多孩子每当上台表演时、或是上课发言和与人交谈时，会莫名地变得紧张、焦虑起来。那么什么是"焦虑"呢？西方心理学家在研究焦虑时，他们对焦虑的成因说法不一。弗洛依德认为焦虑是由压抑自我而产生的。杭奈则认为焦虑来自从小对一切事物的不安全感，特别是亲子之间的关系。由于一般青少年因各种压力，例如功课升学的压力、同伴的压力，或与父母在相处时的情绪状态，都容易让他们产生不舒服、苦恼、逃避的情境。

因此，父母的管教态度是足以影响子女的心理因素，过于溺爱或放纵的父母，则会导致子女缺乏自信、反抗、自卑；过于权威的父母，则会导致子女消极、恐惧、畏缩的态度，甚至影响其生理发育，故此父母在看待子女焦虑情绪方面，应有几种做法：父母不应在课业上或是其他方面对孩子做过多的要求；适时与子女沟通，引导他们说出心里的想法，并设法建立子女对你的信赖感。

很多父母因疏忽孩子的心理反应，而一味纠正他外在的偏差行为，那只会导致与青少年子女的疏离，因此，当孩子们需要理解时，尤其在他们闹情绪时，或是为某事感到焦虑不安的时候，父母更要理解他们、同情他们，真心诚意去帮助他们。这样才能平息他们的情绪，收到好的效果。当然，施教要因人而异，不可千篇一律。

专家建议

当孩子出现焦虑难安的紧张情绪时，父母要告诉他，并鼓励他，不论你的成绩或是你的表现如何，都不影响自我的价值。

亲子间要形成民主作风，父母应该多和孩子做些平等的交流，此外还要多赞美孩子的优点。

11 孩子，抬起你的头

一天，周志勇拿着一张筹款卡回家，很认真地对妈妈说：“学校要筹款，每个学生都要捐钱。”

妈妈取出 5 块钱，交给他，然后在筹款卡上签名。志勇静静地看着妈妈签名，想说什么，却没开口。妈妈注意到了，问他：“怎么了？”

志勇低着头说：“昨天，同学们把自己的筹款卡交给老师时，捐的都是 100 块、50 块。”

志勇就读的是当地著名的“贵族学校”，校门外，每天都有小轿车等候放学的学生。志勇的班级是排在全年级最前面的。班上的同学，不是家里捐款最多，就是成绩较好。当然，志勇不属于前者。

妈妈把志勇的头托起来说：“孩子，抬起你的头，要知道，你同学的家庭背景，非富即贵。我们必须量力而为，我们所捐的5块钱，其实比他们的500块钱还要多。你是学生，只要用自己的品学为校争光，就是对学校最好的贡献了。”

第二天，志勇抬起头，从座位上走出去，把筹款卡交给老师。当老师宣读每位同学的筹款额时，志勇还是抬起头来。自此以后，他在任何人面前，总是牢记母亲的话，一直抬起头来做人。

有一句教育名言这样说：要让每个人都抬起头来走路。让孩子“抬起头来”意味着让他对自己、对未来、对所要做的事情充满信心。任何一个人，当他昂首挺胸、大步前进的时候，在他的心里有诸多的潜台词：“我能行”、“我的目标一定能达到”、“我会干得很好”、“小小的挫折对我来说不算什么”……假如一个缺乏自信的人有了这样的心态，肯定能不断进步。让孩子抬起头来，就是培养孩子的自尊心。

自尊是包括孩子在内的每一个人的心理需要，健全的自尊感能使人奋发、进取，坚定地去追求成功。孩子自尊心的发展与父母的教育培养密切相关。孩子的自尊心是心灵的保护层，一旦受到伤害，犹如树苗的表皮被剥去一样，树苗最后可能因此而枯萎。

那么，自尊心是怎么来的呢？是遗传的吗？不，自尊心是靠后天培养的，作为家长，应怎样培养孩子的自尊心呢？

使孩子充分相信自己的能力，建立起“别人能做到的，我也能做到”的信念。作为家长要经常分析并肯定孩子的进步和成绩，使他们的自尊心不断地得到证实。要绝对禁止孩子说自己笨、没出息、没信心等。要鼓励孩子以最充足的信心、最饱满的精神、最高昂的斗志，全力以赴，战胜困难。

要引导、启发、鼓励孩子学会一技之长，因为一技之长会使孩子领会学习的决窍和乐趣，在学习中遇到挫折时，他会扬长避短，不丧失自信心。

要鼓励孩子去竞争，孩子面临的不是大锅饭，而是充满竞争的时代，作为家长应从小鼓励他们要与高手比上下，不能安于现状，不能满足现在的成绩，总是要看到别人的长处，要想方设法把别人的长处学到手，要有超越的思想，当然，学习也要量力而行，显然做不到的先不提，以免起反作用。

要给孩子更多的自主权。尤其是大一点的孩子最反感的是家长对他什么都要嘱咐几句，什么都不放心，结果弄得孩子手足无措，作为家长，最好不要影子似的跟着孩子，而要隔开一点，只有当孩子发问时才参与孩子的学习、生活等，这样才能提高孩子各种能力。

专家建议

为人父母者都希望孩子在未来能够获得成功，为此，就应该停止这些伤害孩子自尊的做法，同时要积极培养孩子的自尊心。父母要为孩子做出榜样，自尊自信的父母才能培养出自尊自信的孩子。

父母不要把自己的愿望强加给孩子。一些孩子缺乏某一方面的潜能，如果父母硬要孩子按自己的意愿去做，其结果往往适得其反，孩子的自尊心因此会受到伤害。

12 分数并不是最重要的，重要的是你真正努力了

今天是公布考试成绩的时间，同学们都很紧张，大家围在一起议论道：“不知道这次我考了多少分？要是考砸了，非被我爸扁一顿”。

“是呀，我妈早上还要我估计自己考了几分呢！”。

“我最痛苦的日子就是把成绩单拿回家的日子，上帝呀，等着跪搓板吧。”

大家都在说着考试成绩的事情，不过，晓邦却呆在一旁没有吱声，他实在不想说话了，因为此刻他心里面非常忐忑不安，他知道自己这次一定没有考好。果然不出所料，晓邦又没有及格，唉，回去怎么和老爸交待呢？

晓邦回到家便主动“坦白”了：“爸爸，我这次考试又没考好，只考了56分，

我很抱歉。”

爸爸看着孩子垂头丧气的模样，温和地说道：“分数并不是最重要的，重要的是你真正努力了。爸爸不会因此而责备你，可能是你的学习方法没有用对。”

晓邦特别感激地对爸爸保证道：“我以后会加倍努力的，我真幸运有你这样一个善解人意的老爸。”

晓邦说完，就跑过去给了爸爸一个热烈的拥抱，父子俩笑做一团。

当孩子拿着分数很低的试卷回家，父母首先应该表示对孩子的理解，要告诉孩子：“分数并不是最重要的，重要的是你真正努力了。”这才是恰当的教育方法。有位家长，看到自己孩子成绩下降，很是着急，一味地批评、埋怨孩子，结果是孩子越学越没有信心，最后干脆落到了全班倒数第一名。

这时家长反而冷静了，对孩子说：“好了，你现在再也不怕哪个同学超过你了，你只要超过一个同学就是进步。”孩子没有了压力，学习进步很快，信心越来越足，两个学期内成绩提高到了中上水平。作为家长不妨学习以上的方法，为孩子制订一些切实可行的目标，这样可以激发孩子的进取精神，增强学习的自信心。

父母要降低过高的期望值。人的智力、性格、气质等各不相同，即先天条件不同，因而接受知识的能力和效果就会有高下之分，考试分数的好坏也就出现相对的高低之别，不可能要求每个孩子都出类拔萃。再说大多数家长经过艰苦奋斗也没能在同龄人中鹤立鸡群，又怎么有理由要求孩子一定要非常出色呢？因此只有家长摆正心态，才能正确对待孩子的考试分数。

家长对孩子的学习成绩应持的基本态度是：全面看待孩子的学习成绩，重在考试后的总结分析。首先，家长要肯定孩子的学习成绩。孩子经过一段时间的学习，总会有所收获。家长应当善于找到孩子进步的地方予以肯定。其次，无论考试的成绩是好是坏，都要从考试的内容和答卷的实际情况出发，帮助孩子分析成功的经验和失败的教训。发现问题，家长要和孩子一起制定解决问题的措施，以达到真正掌握知识的目的。有的家长为孩子准备一本“失分簿”，让孩子把每次考试的错误之处一一记录并改正在上面，以防孩子日后再犯类似的错误。这是一种不错的方法，家长不妨一试。即使孩子全对了，也要教育孩子学会总结成功的经验，而不应当只是沾沾自喜。

专家建议

家长必须树立正确的分数观。分数只是检验学生某个阶段某门学科学习质量的一个尺度。并非分数高的孩子将来一定就有大的出息，也并非分数低的孩子将来就没作为，这样的例子，古今中外，举不胜举。

家长要有一颗平常心。孩子分数差时，可帮助孩子分析问题的根源，寻找赶上去的办法，切不可整天埋怨和唠叨，更不可打骂孩子。

13 既然做错了，你就得承担责任

这个周末，全家进行大扫除，小琴负责擦拭家里的家具和一些摆设，不过，小琴却有点心不在焉。她心里面惦记着和朋友待会儿一起去看电影的事，所以，她干活儿干得不怎么用心，有点“应付了事”的味道。

小琴这样三心两意地，很快便闯了“大祸”。她本来正在擦茶几的，可却把茶几上面的花瓶给打碎了，这个花瓶可是妈妈最喜欢的古董花瓶。小琴心想：这下糟了，一定会被妈妈臭骂的！

妈妈应声赶来，小琴赶忙说道：“妈妈，对不起，我不是故意打破的。”

妈妈看到躺在地上的花瓶碎片，虽说有点心疼，可她还是笑着对小琴说：“那下次要小心哟。既然是你做错了事，那你就得为此承担责任。现在你需要的是一把扫把。”

小琴简直不敢相信自己的耳朵，她惭愧地低下了头说道：“我不应该干活儿心不在焉的，妈妈，下次我一定不会了。”

妈妈点点头，说道：“我相信你。我们先把碎片扫干净吧，否则扎到脚可就不好了。”

听到妈妈的话，小琴飞奔着去拿扫把和畚箕了……

当孩子不小心把家里的东西打破时，父母切不可烦躁，要谅解孩子打碎东西并不是他故意的。父母也不要立刻对孩子破口大骂，因为孩子知道自己犯了错，已经感到害怕和自责，父母再责怪他也是于事无补。不如对孩子说：“下次要小心哦。”最重要的是提醒孩子和寻求补救的办法，从而灌输正确的知识：犯了错误就要负责，以培养孩子为自己的行为负责的态度。

那么，怎么让孩子负责呢？父母可以让孩子去拿扫把，使他有补偿过错的机会。在完成清理工作后，可再次提醒孩子以后要小心，此时语气最好带点温柔勉励的态度，让孩子易于接受。当孩子完成补救工作时，父母也要适当地给予表扬和鼓励，让孩子意识到知错就改是良好的习惯。

专家建议

父母要体谅孩子可能只是一时不小心犯错的，不是故意之举。所以，最好给孩子一个改正的机会。切不可对孩子说这样的话语：

“下次你别帮我了”、“你简直是越帮越忙”，等等，这样的话语会严重打击孩子的自信心。

父母要让孩子明白，犯了错一定要学会及时补救，要对自己做错的事负责，勇于承担责任。